Normativa del transporte de mercancías por carretera

Alfonso Cabrera Cánovas

Con la colaboración de:

www.logisnet.com

Colección: Biblioteca de logística
Director: David Soler

Normativa del transporte de mercancías por carretera
1.ª edición, 2018

© 2018, Alfonso Cabrera Cánovas
© de esta edición, incluido el diseño de la cubierta, ICG Marge, SL

Edita: Marge Books
València, 558 – 08026 Barcelona
Tel. 931 429 486 – marge@margebooks.com
www.margebooks.com

Gestión editorial: Hèctor Soler
Edición: Núria Gibert
Compaginación: Mercedes Lara
Impresión: Book Print Digital, SA (L'Hospitalet de Llobregat, Barcelona)

ISBN: 978-84-17313-51-7
Depósito Legal: B 1534-2018

El papel empleado en este libro no ha sido blanqueado con cloro elemental (Cl_2).

Índice

El autor

Alfonso Cabrera Cánovas es licenciado en Ciencias Económicas y Empresariales por la Universidad de Murcia, y profesor de Organización y Gestión Comercial en el ámbito de la formación profesional desde 1996.

Imparte formación de Transporte Internacional de Mercancías dentro del ciclo de grado superior de Comercio Internacional en el IES Príncipe de Asturias.

Es profesor de numerosos cursos, seminarios y másteres en cámaras de comercio (Murcia, Lorca), escuelas de negocios y centros de formación (IEBS–Innovation & Entrepeneurship Business School, ADL–Asociación para el Desarrollo de la Logística, FBS–Fundesem Business School, Iniciativas Empresariales, ICIL, ESIC, Froet y Grupo IOE, entre otros).

Es autor de los siguientes libros:

- *El contrato de transporte por carretera (Ley 15/2009)* (Marge Books).
- *Transporte internacional de mercancías* (Icex).
- *El transporte internacional por carretera* (Marge Books).
- *El Convenio CMR* (Marge Books) (coautor junto con Francisco Sánchez-Gamborino).

alfonsoprofesor@yahoo.es
www.formacionentransporte.es

Introducción

La carretera es hoy, sin duda, el modo de transporte más utilizado, con mucha diferencia respecto a los restantes. El 85 % de las mercancías que se desplazan dentro de España viaja en camión y, en la Unión Europea –espacio «natural» de este vehículo–, ese porcentaje es del 71,5 %.

Causa de esta realidad son sus ventajas inherentes: además de mayor rapidez que el ferrocarril y, por supuesto, que el transporte marítimo, y lejos del prohibitivo coste del aéreo, para la gran mayoría de las cargas solo el camión supone un perfecto servicio «puerta a puerta», absolutamente ajustado a lo que el usuario suele necesitar.

Uno de los principales efectos de esta realidad es la necesaria abundancia legislativa, también mayor que para cualquier otro modo de transporte. Desde luego es positivo en tanto que contribuye a ordenar el sector y a dotarlo de seguridad jurídica, al prever y dar solución legal a la mayor parte –todas sería imposible– de las situaciones a que sus protagonistas pueden verse enfrentados, para evitar en buena medida una excesiva litigiosidad y sorpresas en las decisiones de los conflictos. Como lógica contrapartida, ello conlleva la exigencia de conocer estas disposiciones, pues se aplicarán, como dice el Código Civil (art. 1.6), aunque sean ignoradas. Y no siempre va a ser tarea fácil debido al gran número de normas vigentes, con constantes modificaciones o derogaciones, a menudo solo parciales (sustitución de un artículo o grupo de ellos) o en esa sutil pero ambigua forma del «en lo que no se oponga a...».

Se trata, pues, de una verdadera fronda de leyes, decretos-ley, órdenes ministeriales y resoluciones, además de convenios internacionales y reglamentos europeos, en la que no suele ser cómodo moverse –empezando por localizar cuál es la disposición aplicable–, pero que, insistimos, constituye el marco jurídico que la autoridad (administrativa o judicial) irá a aplicar.

De estas disposiciones, unas presentan carácter *administrativo* (de derecho público), como la fundamental Ley 16/1987, de 30 de julio, de Ordenación del Transporte Terrestre –la famosa LOTT– y su Reglamento de 1990 –el ROTT–, tantas veces actualizados la una y el otro, y muchas más que regulan las autorizaciones, la subcontratación, las infracciones y sus sanciones, el procedimiento administrativo y otras cuestiones primordiales; las muy detalladas aplicables a las *especialidades* (mercancías peligrosas, bajo temperatura controlada, de animales vivos y restantes), etc.

Otras disposiciones tienen naturaleza *mercantil o comercial* (de derecho privado), reguladoras de los contratos de transporte (documentación, responsabilidad del transportista y sus límites de indemnización, reservas y reclamaciones, etc.), como el Convenio CMR –que antes que *un papel* es un conjunto de reglas–, las referidas a la actuación de las juntas arbitrales del transporte, o la no menos importante Ley española 15/2009, una norma ya del siglo XXI en todos los sentidos, con su regulación de documentos de transporte electrónicos, entre otras medidas; unas se refieren a todo el transporte por carretera tanto de viajeros como de mercancías (como la LOTT y el ROTT), otras a tiempos de conducción, las específicas para el transporte de objetos, etc.; sin olvidar todo lo referente a seguros, cuestiones laborales, de circulación, del vehículo, transporte multimodal o combinado, entre otros.

Este trabajo –que, para ser útil, prevemos que esté siempre al día mediante ediciones periódicas o cuando se produzca algún cambio legislativo de extraordinario calado– pretende servir como guía de consulta práctica a las empresas transportistas (las que operan en carretera también son, con gran diferencia, mucho más numerosas que en los demás modos de transporte), a las de intermediación (los denominados «operadores de transporte», como agencias, empresas transitarias, almacenistas-distribuidoras, etc.), a los operadores logísticos y, naturalmente, a sus clientes, las empresas cargadoras o usuarias del transporte, sus respectivos aseguradores... Todos ellos sometidos al imperio de esta legislación.

Índice de fichas

   Normativa del transporte de mercancías por carretera

Índice temático

Siglas y abreviaturas

ADR: Acuerdo sobre transporte internacional por carretera de mercancías peligrosas
(Accord européen relatif au transport international des marchandises dangereuses par route)

AELE: Asociación Europea de Libre Comercio

AETR: Acuerdo sobre tiempos de conducción, en transporte internacional por carretera
(Accord européen relatif au travail des équipages des véhicules effectuant des transports internationaux par route)

apdo.: apartado (de una disposición, de uno de sus artículos, etc.)

art.: artículo

ATP: Acuerdo sobre transporte internacional por carretera de mercancías perecederas
(Accord relatif aux transports internationaux de denrées périssables et aux engins spéciaux à utiliser pour ces transports)

BOE: Boletín Oficial del Estado

CAP: certificado de aptitud profesional (para conductores de camiones)

cap.: capítulo

CCAA: comunidades autónomas

CE: Comunidad Europea

CEE: Comunidad Económica Europea

CEFIC: Consejo Europeo de la Industria Química

CEMT: Conferencia Europea de Ministros de Transporte

CINE: Clasificación Internacional Normalizada de la Educación

CMR: Convenio sobre el contrato de transporte internacional de mercancías por carretera
(Convention relative au contrat de transport international de marchandises par route)

DEG: derechos especiales de giro del FMI

Disp. adic.: disposición adicional (de una ley, un decreto, etc.)

Disp. derog.: disposición derogatoria (de una ley, un decreto, etc.)

Disp. trans.: disposición transitoria (de una ley, un decreto, etc.)

DOL: Diario Oficial de la Unión Europea

DUA: documento único administrativo

e.c.r.: en cierto radio

EAACT: empresas de actividades auxiliares y complementarias del transporte

FEIQUE: Federación Empresarial de la Industria Química Española

FMI: Fondo Monetario Internacional (creador del DEG)

GLP: gases licuados del petróleo

ICC: cláusulas habituales en las pólizas de seguro de transporte de mercancías | Institute Cargo Clauses del Institute of London Underwriters *[Véase ILU]*

ILU: Institute of London Underwriters | Instituto de Aseguradores de Londres

IPREM: indicador público de renta de efectos múltiples

ITV: inspección técnica de vehículos

LOTT: Ley de Ordenación de los Transportes Terrestres

MMA: masa máxima autorizada (para vehículos de transporte)

OFESAUTO: Oficina Española de Aseguradores de Automóviles

pág.: página

RC: responsabilidad civil

RD: Real Decreto

rect.: rectificación (de errores, en un Boletín Oficial posterior)

Regl.: Reglamento (español o de la UE)

Res.: Resolución

RETA: régimen especial de trabajadores autónomos (de la Seguridad Social)

RETIM: Registro General de Transportistas y de Empresas de Actividades Auxiliares y Complementarias del Transporte

ROTT: Reglamento de la Ley de Ordenación de los Transportes Terrestres

RR. DD.: reales decretos

SGR: sociedades de garantía recíproca

sic: así exactamente, literalmente; no es una errata

SIT: sistemas inteligentes de transporte

ss.: y siguientes

Supl.: Suplemento (de un BOE)

TIR: Convenio sobre tránsito aduanero para el transporte de mercancías por carretera

TIR: Transporte internacional por carretera | *Transport International Routier*

UE: Unión Europea

UNESPA: Unión Española de Entidades Aseguradoras y Reaseguradoras (asociación patronal española de compañías aseguradoras)

: transporte de mercancías por carretera

: todo tipo de transporte por carretera

Normativa del transporte

de mercancías por carretera

Contrato de transporte internacional de mercancías por carretera

Convenio de 19 de mayo de 1956, conocido por sus siglas en francés, CMR
(Convention relative au contrat de transport international de marchandises par route)

Establece el régimen jurídico aplicable a los contratos de transporte internacional de mercancías por carretera.

Contenido

Consta de cuatro grandes apartados. El primero, sobre el ámbito de aplicación del propio convenio, prevé que lo será siempre que el país de origen o el de destino sean miembros del mismo, y salvo excepciones (como transportes postales, funerarios y mudanzas). El Convenio CMR también es aplicable cuando un camión cargado hace parte del viaje sobre o dentro de un vehículo de otro modo de transporte (tren o buque, por ejemplo), si bien, en caso de incidencias, se aplican ciertas normas sobre responsabilidad. Asimismo, se prevé que el transportista responda por los actos de sus empleados y demás personas y empresas a cuyos servicios acuda.

El segundo apartado se refiere a la documentación del contrato. La «carta de porte» es el documento que prueba la existencia del contrato de transporte y sus acuerdos (el Protocolo de 2008 prevé que pueda ser emitida por vía electrónica). El convenio enumera los datos –y posibles cláusulas– que debe contener, el número de ejemplares a emitir, la posibilidad de adjuntar a la misma otros documentos necesarios para el viaje, los derechos que están aparejados a la carta de porte, etc. Asimismo, contiene un conjunto de reglas para el caso de surgir impedimentos durante el viaje o en el momento de la entrega.

El tercer apartado regula la responsabilidad del transportista (aspecto que, en parte, también viene regulado en el primer apartado). Configurada esta responsabilidad como «de resultado», en caso de incumplimiento del contrato –por pérdida o daños a la mercancía, o retraso en su entrega en destino– presume la culpa del transportista, quien para exonerarse de responsabilidad tendría que probar un hecho inevitable, un caso de culpa del cargador o un vicio propio de la mercancía (hay una lista más pormenorizada de supuestos en que esta prueba es más leve, pues no se extiende al vínculo causal). El valor de la mercancía indemnizable es el del lugar de origen y momento de su carga. Ahora bien, salvo que se haya efectuado una declaración de valor de la mercancía transportada o de interés especial en su entrega, el convenio establece un límite de indemnización de aproximadamente 10 € por kilo de peso bruto de mercancía perdida o dañada –la cantidad exacta se calcula en derechos especiales de giro (DEG) del Fondo Monetario Internacional (FMI), conforme al Protocolo de 1978–; en caso de retraso en la entrega, queda establecido un importe equivalente al precio del transporte. Este límite no es aplicable en caso de dolo del transportista.

El cuarto y último apartado incluye el régimen de reclamaciones. Este empieza con la posibilidad de formular reservas sobre el estado de la mercancía por parte del transportista en el lugar de carga o por parte del destinatario en el lugar de descarga. También se establecen reglas sobre jurisdicción competente (tribunal ante el que reclamar), posible uso alternativo del arbitraje, plazo de prescripción –que es de un año (y en caso de dolo, tres años)–, etc. En este último apartado se incluyen unas previsiones –muy poco usadas– sobre transportes sucesivos, o sea, consecutivos, referidas sobre todo a contra cuál de ellos reclamar y al reparto de responsabilidad entre los mismos.

El Convenio CMR, aprobado por Naciones Unidas, ha sido objeto de dos modificaciones, por sendos protocolos: de 7 de julio de 1978, que establece, como unidad de cuenta a efecto de indemnizaciones, el DEG del FMI, y el de 20 de febrero de 2008, que da validez jurídica a la emisión y el uso de la carta de porte electrónica (este segundo protocolo no cambia la redacción de ningún artículo del CMR, sino que es una adición al mismo).

La práctica totalidad de sus normas (excepto las muy poco usadas para transportes sucesivos –arts. 37 y 38–, conforme a su art. 40) son de aplicación imperativa (art. 41).

Este convenio no contiene referencia expresa ni al ADR (Acuerdo sobre el transporte internacional de mercancías peligrosas por carretera, de 1957) ni al ATP (Acuerdo sobre transporte internacional de mercancías perecederas, de 1970), pero nada impide insertar en la carta de porte CMR cualesquiera indicaciones o instrucciones relacionadas con ellos.

Un total de 55 países, de Europa –incluidos todos los de la UE–, África y Asia, forman parte del convenio.

Se puede complementar la información sobre este convenio en la monografía *El Convenio CMR*, a cargo de F. Sánchez-Gamborino y A. Cabrera, publicada por Marge Books.

En varios artículos de su redactado, el Convenio CMR remite a la legislación nacional: art. 5.1, art. 16.5, art. 20.4, art. 29.1, y art. 32.1 y 3. En tales casos, tratándose de España, es aplicable la siguiente normativa: Ley 15/2009, de 11 de noviembre; Ley 16/1987, de 30 de julio (LOTT), y Orden FOM/3386/2010, de 20 de diciembre; así, por ejemplo, se podría aplicar en lo que atañe a

intervención de las juntas arbitrales del transporte para venta de mercancías abandonadas, en casos de conducta incorrecta del transportista en que por ello no resulta aplicable el límite máximo de indemnización por daño, pérdida o retraso o se alarga el plazo de prescripción de reclamaciones; en régimen de interrupción o suspensión de este plazo, entre otros.

 BOE n.º 109, de 7 de mayo de 1974, págs. 9338 y ss.; rect. en BOE n.º 142, de 15 de junio de 1995 *(sic)*, págs. 17870 y ss.

 Protocolo de 1978, fue publicado en BOE n.º 303, de 18 de diciembre de 1982, págs. 34859 y ss.

 Protocolo de 2008, fue publicado en BOE n.º 141, de 14 de junio de 2011, págs. 61018 y ss.

Establece la normativa aplicable al transporte internacional de mercancías peligrosas por carretera.

Contenido

El Acuerdo ADR consta de prólogo, generalidades, dos anejos (A y B) y tres suplementos. En su primera parte es un texto breve y sencillo. Su artículo clave es el segundo. Dispone que, a excepción de ciertas mercancías excesivamente peligrosas, las demás mercancías peligrosas podrán ser objeto de un transporte internacional en vehículos destinados a transportes por carretera, a condición de que: su embalaje y su etiquetado sean conformes a lo dispuesto en el anejo A del acuerdo; y la construcción, el equipamiento y la explotación de los vehículos en que viajan sean conformes a lo dispuesto en el anejo B.

Las previsiones detalladas aparecen en sus anejos A y B, que contienen los requisitos técnicos para el transporte por carretera de las mercancías peligrosas.

El anejo A enumera las mercancías peligrosas que pueden ser objeto de un transporte internacional. Establece igualmente las normas relativas al embalaje y al etiquetado, así como la descripción de las mercancías en las cartas de porte. Todas ellas deberán ser aplicadas por el expedidor o cargador de las mercancías.

Este anejo contiene el sistema de clasificación de las mercancías peligrosas y las distribuye en nueve clases diferentes, según la naturaleza del riesgo o peligro que presentan con ocasión de su transporte, de la siguiente manera: materias y objetos explosivos (clase 1), gases (clase 2), materias líquidas inflamables (clase 3), materias sólidas inflamables (clase 4.1), materias que pueden experimentar inflamación espontánea (clase 4.2), materias que en contacto con el agua desprenden gases inflamables (clase 4.3), materias comburentes (clase 5.1), peróxidos orgánicos (clase 5.2), materias tóxicas (clase 6.1), materias infecciosas (clase 6.2), materias radiactivas (clase 1), materias corrosivas (clase 1) y resto de materias y objetos peligrosos (clase 9).

Asimismo, el anejo A se refiere a la documentación necesaria: carta de porte y declaración que debe acompañar al envío, «fichas de seguridad», etiquetas de peligro (con símbolos), paneles de color naranja a colocar en el vehículo, etc., así como al posible embalaje común de las mercancías.

Por su parte, el anejo B trata sobre las responsabilidades del transportista en cuanto a la prestación y al equipamiento del vehículo y a las instrucciones que deben darse al conductor para garantizar que el transporte se lleve a cabo de conformidad con las normas establecidas.

Saber más

El Acuerdo ADR, aprobado por Naciones Unidas, es modificado con frecuencia, concretamente cada dos años, pero no en su estructura y rasgos esenciales, sino en cuestiones puntuales (inclusión de productos de nueva invención o de nuevos tratamientos más seguros –de conservación, embalaje, transporte, etc.– para productos ya existentes), conforme la ciencia avanza. Cada nueva versión se publica en el BOE en su contenido íntegro, aunque el diario oficial haga referencia en su epígrafe de tratarse de «enmiendas a los anejos» de dicho acuerdo (lo que no debe confundir al lector).

Es, pues –por sus anejos–, una disposición muy extensa (casi mil páginas de BOE) y detallada, de carácter fundamentalmente técnico, para cuya plena comprensión y aplicación resulta necesario poseer cierto grado de conocimientos de física y química, como los que se exigen a los llamados consejeros de seguridad, con quienes deben contar las empresas transportistas dedicadas a esta actividad específica.

Siendo una normativa de seguridad –su propósito es evitar accidentes–, se aplica tanto al transporte público (profesional o por cuenta ajena) como al transporte privado (o por cuenta propia).

Si se infringen las normas del ADR, las autoridades nacionales pueden actuar contra el transportista o contra el cargador, según el caso, en aplicación de su legislación interna –que, en España, es la LOTT y el ROTT–, imponiéndoles sanciones administrativas.

La previsión por el acuerdo ADR de una documentación específica hace que el transporte de mercancías peligrosas quede exento de contar con un «documento de control» distinto, conforme prevé la Orden FOM/2861/2012, de 13 de diciembre, en su art. 2.2.

Normativa relacionada

- Convenio CMR de 19 de mayo de 1956, sobre el contrato de transporte internacional de mercancías por carretera; especialmente, arts. 6.1, letra f, y 22.

- Ley 15/2009, de 11 de noviembre, del contrato de transporte terrestre de mercancías; especialmente, arts. 10.1, letra h, y 24.

- RD 97/2014, de 14 de febrero, que regula las operaciones de transporte de mercancías peligrosas por carretera en territorio español.

- Orden FOM/605/2004, de 27 de febrero, sobre capacitación profesional de los consejeros de seguridad para el transporte de mercancías peligrosas.

- RD 130/2017, de 24 de febrero (BOE n.º 54, de 4 de marzo de 2017, págs. 15761 y ss.), que aprueba el Reglamento de explosivos; especialmente, sus arts. 50, 80 y 154-158.

Referencia legal

BOE n.º 106, de 4 de mayo de 2017, págs. 34460 y ss.; rect. en BOE n.º 150, de 24 de junio de 2017, págs. 52856 y s.

Tiempos de conducción en el transporte por carretera

Acuerdo de 1 de julio de 1970 sobre el trabajo de las tripulaciones de los vehículos empleados en el transporte internacional de mercancías por carretera, conocido por sus siglas en francés AETR *(Accord européen relatif au travail des équipages des véhicules effectuant des transports internationaux par route)*

Regula los tiempos de conducción y descanso aplicables en los servicios de transporte por carretera, de viajeros o de mercancías, fuera de la Unión Europea (UE) o cuando un transporte tiene lugar entre un país de la UE y un país tercero.

Contenido

Definiciones (art. 1), campo de aplicación (art. 2), aplicación de ciertas disposiciones del acuerdo a servicios realizados por vehículos procedentes de países no miembros (art. 3), posibilidad de que los países miembros fijen reglas distintas a las de los arts. 5 a 8, salvo excepciones (art. 4), edad mínima de los conductores (art. 5), periodos máximos de conducción y otros registros (art. 6), pausas mínimas (art. 7), descansos diarios y semanales (art. 8), excepciones al anterior (art. 8 bis), posibilidad extraordinaria de no cumplir estas reglas generales en casos de peligro o fuerza mayor (art. 9), tacógrafo (art. 10), deber para las empresas transportistas de organizar sus actividades para que sus conductores cumplan este acuerdo (art. 11), medidas a adoptar por las autoridades nacionales en sus controles (art. 12), formularios normalizados (art. 12 bis y apéndice 3). Tras unas disposiciones transitorias que integran sus arts. 13 y 13 bis, los últimos desde el 14 hasta el 25, son paralelos a los contenidos en cualquier otro convenio internacional. Prevé el arbitraje como vía de solución de conflictos entre países (art. 18.2). Incluye un anexo sobre tacógrafos, marcas de aprobación, etc.

Saber más

Aprobado por Naciones Unidas, el AETR es el equivalente extracomunitario del Reglamento 561/2006. En su art. 2.3, este hace referencia expresa al AETR en sentido de su deseable armonización. Modificado en varias ocasiones, la versión vigente incorpora las «enmiendas» adoptadas el 27 de mayo de 2003, el 31 de octubre de 2008 y el 29 de octubre de 2014. Ha sido ratificado por 51 países (incluso no europeos como Azerbaiyán, Kazajistán, Tayikistán, Uzbekistán, entre otros).

Normativa relacionada

- Reglamento (CEE) 561/2006, de 15 de marzo, sobre armonización de disposiciones en materia social en el sector de los transportes por carretera.

- Reglamento (UE) 165/2014, de 4 de febrero, sobre uso del tacógrafo en el transporte por carretera.

- RD 640/2007, de 18 de mayo, sobre tiempos de conducción y descanso y uso del tacógrafo; establece excepciones a la obligatoriedad de sus normas reguladoras, y RD 1561/1995, de 21 de septiembre, Jornadas especiales de trabajo (cap. II, secc. 4.ª, arts. 8 al 12).

- Resolución de 19 de abril de 2007, sobre controles mínimos en las jornadas de trabajo de los conductores en el transporte por carretera.

Referencia legal

 Texto inicial en BOE n.º 277, de 18 de noviembre de 1976, págs. 22902 y ss.

 Últimos cambios en BOE n.º 136, de 8 de junio 2017, págs. 46674 y ss.

Acuerdo internacional de 1 de septiembre de 1970, conocido por sus siglas en francés, ATP *(Accord relatif aux transports internationaux de denrées périssables et aux engins spéciaux à utiliser pour ces transports)*

Regula el transporte internacional de mercancías perecederas por carretera y los vehículos especiales utilizados en tales servicios.

Contenido

Art. 1: vehículos utilizables (isotermos, refrigerantes, frigoríficos y caloríficos); art. 2: obligaciones de los países en normas para esos vehículos, y aceptación de las certificaciones que emitan los demás; art. 3: ámbito de aplicación referido a las mercancías, y a los recorridos: terrestre (carretera, tren) y marítimo hasta 150 km, permaneciendo la mercancía en el camión; art. 4: aplicación al transporte, tanto profesional como privado; art. 5: no aplicación a contenedores antes o después de un transporte marítimo de más de 150 km; art. 6: información entre países sobre infracciones y sanciones; art. 7: posibilidad de acuerdos bilaterales o multilaterales que hagan más severas las exigencias del ATP (por ejemplo, por condiciones climáticas singulares); art. 8: el incumplimiento de este convenio no afecta a la validez del contrato de transporte; anejo 1: características de los vehículos; anejo 2: temperatura para productos congelados (de -10 a -20 °C), y anejo 3: ídem para el resto de productos (de +3 a +7 °C).

Saber más

El ATP, aprobado por Naciones Unidas, no regula el contrato de transporte, sino que se instala sobre él como norma imperativa de derecho público. Por ello también es aplicable al transporte por cuenta propia, en que no existe tal contrato. Si se infringen sus reglas, las autoridades nacionales pueden actuar contra la empresa transportista o la cargadora, según el caso, en aplicación de su legislación interna e imponerle sanciones administrativas.

Normativa relacionada

El Convenio CMR no menciona el ATP, pero en su art. 18.4 dice que, si el transporte se efectúa mediante un vehículo térmicamente acondicionado, el transportista podrá exonerarse de responsabilidad por defecto de la mercancía solo si prueba que tomó las medidas adecuadas y cumplió las instrucciones que le fueren dadas.

La LOTT –que cita este transporte en su art. 66– prevé infracciones en este ámbito en sus arts. 140.21 y 142.16.

Referencia legal

El ATP fue ratificado por España el 3 de marzo de 1972 y publicado en el BOE de 22 de noviembre de 1976, aunque después ha sido modificado frecuentemente. El BOE n.º 274, de 15 de noviembre de 2013, en págs. 91311 y ss., publica su texto refundido («consolidado») actualizado a 23 de septiembre de 2013. Los muchos errores materiales en su publicación fueron corregidos en los BOE de 21 de enero, 5 de marzo y 9 de junio de 2014, y de 8 de mayo de 2015.

Tránsito aduanero para el transporte de mercancías por carretera

Convenio de 14 de noviembre de 1975 sobre el transporte internacional por carretera (TIR)

Establece el régimen TIR (acrónimo de *Transport International Routier*) de tránsito aduanero para el transporte internacional de mercancías por carretera. Con él se gana en rapidez del viaje (evita el engorroso control de la mercancía en cada frontera); menor coste (evita el pago al conductor mientras está esperando); seguridad de la mercancía (evita los riesgos de manipulación y robo); menor deterioro de la misma, sobre todo cuando es perecedera, e inmediato pago de multas por contrabando mediante un sistema de garantías por entidades autorizadas.

Contenido

El articulado trata sobre: definiciones (art. 1), ámbito de aplicación (arts. 2-3), principios (arts. 4-5), expedición de los cuadernos TIR y responsabilidad de las asociaciones garantes (arts. 6-11), aprobaciones de vehículos y contenedores (arts. 12-14), procedimiento de transporte al amparo de un cuaderno TIR (arts. 15-18), mercancías pesadas o voluminosas (arts. 29-35), irregularidades (arts. 36-42), notas explicativas (art. 43), disposiciones diversas (arts. 44-51) y disposiciones finales sobre firma, ratificación, aceptación, aprobación y adhesión (arts. 52-64).

Sus ocho anexos tratan sobre el modelo de cuaderno TIR, vehículos admisibles, procedimiento para aprobación de dichos vehículos, modelo de certificado de aprobación de tales vehículos, placas TIR, notas explicativas, condiciones para contenedores y comité administrativo.

Saber más

Este Convenio fue aprobado por Naciones Unidas.

Elementos básicos: precinto colocado en origen a retirar solo en destino, placas TIR identificativas (letras blancas sobre fondo azul), cuaderno TIR (documento para las mercancías en tránsito) y garantía por entidad nacional para pago inmediato de multas.

La versión actual, que es de 1975, sustituye a la del año 1959.

Como régimen aduanero, se aplica solo a mercancías con origen o destino en el exterior de la UE, ya que el territorio comunitario carece de aduanas interiores.

Normativa relacionada

El documento único administrativo (DUA), previsto en Reglamento (CEE) 2454/93, de 2 de julio, se usa para recoger datos en el ámbito de las operaciones realizadas con terceros países. En España, dos resoluciones (de 11 de julio de 2014, BOE n.º 176, de 21 de julio de 2014, y de 3 de enero de 2017, BOE n.º 4, de 5 de enero de 2017) dictan instrucciones para formalizar el citado reglamento.

Referencia legal

 BOE n.º 34, de 9 de febrero de 1983, págs. 3487 y ss.

 Hay unas importantes enmiendas en BOE n.º 31, de 5 de febrero de 1999, págs. 5258 y ss.

Regulación de los contratos de seguro

Ley 50/1980, de 8 de octubre

Establece el régimen de los contratos de seguro, incluidos los de transporte terrestre, y en este caso su doble modalidad: como seguro de daños a la mercancía transportada (arts. 54-62) y como seguro de responsabilidad contractual del transportista de mercancías (al que son aplicables las reglas generales sobre seguros de responsabilidad civil (arts. 73-76).

Contenido

En sus disposiciones generales, el título I define el contrato de seguro (art. 1) y prevé el carácter imperativo de sus reglas (art. 2), marca las condiciones generales y las cláusulas limitativas de los derechos de los asegurados (art. 3), y la nulidad de los contratos (art. 4). Siguen unos preceptos sobre conclusión del contrato, su documentación –la póliza, clases y contenido– y deber de declaración del riesgo por el asegurado (arts. 5-13); otras obligaciones y deberes de las partes (arts. 14-21), y duración del contrato, prescripción y competencia judicial (arts. 22-24). Los seguros contra daños constituyen objeto del título II (arts. 25-79); contienen unas reglas comunes y otras más pormenorizadas aplicables a sus especificidades: incendio, robo, transporte terrestre, lucro cesante, caución, crédito, responsabilidad civil, defensa jurídica y reaseguro. El título III está dedicado a seguros de personas. Y el IV y último incluye normas de derecho internacional privado.

Saber más

Esta ley ha sido modificada en muchas ocasiones. Además, a los seguros de daños a la mercancía transportada, se suele aplicar la modalidad A de las llamadas cláusulas ICC *(Institute Cargo Clauses)*, aprobadas por el Instituto de Aseguradores de Londres (asociación patronal británica de compañías aseguradoras equivalente a la española Unespa).

Se puede complementar la información en la monografía *El seguro de las mercancías en el transporte*, a cargo de A. Badia, publicada por Marge Books.

Normativa relacionada

- Ley 26/2006, de 17 de julio (BOE n.º 170, de 18 de julio de 2006), de mediación de seguros y reaseguros privados.
- Reglamento (CE) 593/2008, de 17 de junio (más conocido como «Roma I») sobre legislación aplicable a las obligaciones contractuales (seguros: art. 7.2).
- Ley 20/2015, de 14 de julio (BOE n.º 168, de 15 de julio de 2015), de ordenación, supervisión y solvencia de las entidades aseguradoras y reaseguradoras.

Referencia legal

BOE n.º 250, de 17 de octubre de 1980, págs. 23126 y ss.

Servicios mínimos en transporte por carretera

Real Decreto 635/1984, de 26 de marzo

Garantiza la prestación de servicios públicos esenciales, en situaciones de huelga que afecten a todo o parte del personal laboral de las empresas titulares de servicios de transporte público por carretera, y de estaciones y centros de transporte público.

Contenido

Disposición breve, con solo seis artículos. Las situaciones de huelga del personal de las empresas transportistas se entenderán condicionadas al mantenimiento de los servicios públicos esenciales que presten las mismas, cuando se trate de servicios de transporte que superen el territorio de cualquier comunidad autónoma, o en que esta no haya asumido competencias de ejecución de la legislación laboral (art. 1). En cuyo caso, las administraciones públicas determinarán, con criterio estricto, el personal necesario para asegurar la prestación de los servicios (arts. 2-3). Los paros y alteraciones del trabajo del personal que se designe serán considerados ilegales (art. 4). Todo ello no supondrá limitación de los derechos que la normativa reguladora de la huelga reconoce al personal en tal situación, así como tampoco afectará en dicho supuesto a cuanto se refiere a la tramitación y efectos de las peticiones que la motiven (art. 5). Entró en vigor a la fecha de su misma publicación en el BOE (art. 6).

Saber más

Al referirse a transporte por carretera, esta disposición no especifica si lo hace al de viajeros o al de mercancías. En todo caso, habla de los servicios «discrecionales», que son comunes a ambas clases de transporte, centros de transporte y actividades auxiliares, que afectan al de mercancías (agencias de transporte, transitarios, almacenistas-distribuidores y operadores logísticos).

Normativa relacionada

- Ley 16/1987, de 30 de julio (BOE n.º 182, de 31 de julio de 1987, págs. 23451 y ss.), de Ordenación de los Transportes Terrestres (LOTT).
- RD 1211/1990, de 28 de septiembre (BOE n.º 241, de 28 de septiembre de 1990, págs. 29406 y ss.), que aprueba su Reglamento (ROTT).
- RD-ley 17/1977, de 4 de marzo (BOE n.º 58, de 9 de marzo de 1977, págs. 5464 y ss.).
- Estatuto de los Trabajadores, cuyo texto refundido vigente fue aprobado por Real Decreto Legislativo 2/2015, de 23 de octubre (BOE n.º 255, de 24 de octubre de 2015).

Referencia legal

BOE n.º 79, de 2 de abril de 1984, págs. 9153 y ss.; rect. en BOE n.º 91, de 16 de abril de 1984, pág. 10757).

Ordenación de los transportes terrestres: delegación de competencias a las comunidades autónomas

Ley Orgánica 5/1987, de 30 de julio

Dentro del régimen jurídico administrativo en materia de transportes terrestres, tanto de viajeros como de mercancías, de transporte público (o por cuenta ajena) y privado (o por cuenta propia), se refiere en concreto a la distribución de competencias entre las administraciones central y autonómicas, más concretamente, a la delegación de facultades del Estado en las comunidades autónomas en relación con los transportes por carretera y por cable.

Contenido

La delegación comprende todas las competencias estatales que por su naturaleza deban ser realizadas a escala autonómica o local, tanto actuaciones gestoras como normativas. El capítulo II se refiere a facultades de gestión (en materia de transportes públicos regulares, públicos discrecionales, privados, actividades auxiliares y complementarias, y por cable). El capítulo III se refiere a facultades en materia de inspección y sanciones. El capítulo IV, a facultades en materia de arbitraje (juntas arbitrales del transporte). El capítulo V regula las facultades en materia de capacitación profesional para el transporte y sus actividades auxiliares y complementarias de este. El capítulo VI y último consiste en normas generales de la delegación.

Por último, mediante su disposición adicional respeta los regímenes especiales de Navarra y Álava, al prever la actualización de los mismos, y equipara, mediante los oportunos acuerdos, ello mismo para las diputaciones forales de Gipuzkoa y Bizkaia.

Saber más

De igual fecha que la LOTT, aunque superior en rango jerárquico como su preámbulo indica, resulta complementaria de aquella.

Pretende evitar las disfunciones que la existencia de varias Administraciones superpuestas pueda crear, ahorrar en gasto público, facilitar las relaciones con el administrado y hacer más eficaz la actuación administrativa.

Modificada por Ley 9/2013, de 4 de julio (BOE n.º 160, de 5 de julio de 2013, págs. 50239 y ss.).

Normativa relacionada

- Constitución Española, especialmente sus art. 148.1.5.ª y art. 149.1.21.ª.
- Estatutos de Autonomía de cada Comunidad Autónoma.
- Ley 16/1987, de 30 de julio, de Ordenación de los Transportes Terrestres (LOTT) (BOE n.º 182, de 31 de julio de 1987); modificada varias veces.
- RD 1211/1990, de 28 de septiembre, que aprueba el Reglamento de dicha ley (ROTT) (BOE n.º 241, de 8 de octubre de 1990); modificado varias veces.

Referencia legal

BOE n.º 182, de 31 de julio de 1987, págs. 23451 y ss.

Ley 16/1987, de 30 de julio, de Ordenación de los Transportes Terrestres, más conocida por su acrónimo LOTT

Establece el régimen jurídico aplicable a las relaciones entre una empresa y la administración pública en materia de transportes terrestres, tanto de viajeros como de mercancías, tanto de transporte público (profesional o por cuenta ajena) como de transporte privado (o por cuenta propia). Por tanto, es la disposición más importante de derecho público de este sector, y base de la «pirámide normativa», de disposiciones de menor rango jerárquico (RD, OM, etc.).

Contenido

La LOTT realiza una ordenación y puesta al día de conjunto, respeta el sistema de mercado y la libertad de gestión empresarial, y regula numerosas materias relativas al transporte terrestre, tanto de viajeros como de mercancías. Además de unas primeras normas y principios de aplicación general, en su segundo apartado –en que el marco normativo general es común en todo el Estado– establece que todo el transporte de mercancías *es discrecional* –y este es uno de los cambios de la LOTT (a diferencia del de viajeros, en que persiste el transporte regular)– y de *precio libre* –también aquí se modifica la LOTT (se acabaron las tarifas obligatorias)–. En su primitiva redacción se refería a la posibilidad (hoy descartada) de cupos de autorizaciones para el transporte, así como a la diferencia (hoy inexistente) en titulación para transportar carga completa y carga fraccionada.

En su versión actual se ha sustituido el criterio cuantitativo por el cualitativo, conforme dispone la normativa europea. Para ser transportista habrá que contar con previo título habilitante, pudiendo acceder al mismo cualquiera que cumpla determinados requisitos: honorabilidad, capacitación (ahora llamada «competencia») profesional –en general, tras haber superado un examen de aptitud– y capacidad económica.

Se exige que cada empresa transportista cuente con un director (ahora llamado «gestor»), con un número mínimo de tres vehículos y que cumpla la normativa laboral y tributaria en vigor. Las empresas transportistas deberán efectuar los servicios utilizando vehículos propios (sin perjuicio de permitirse excepcionalmente y bajo condiciones muy estrictas la llamada «colaboración entre transportistas»).

En los conjuntos articulados, las autorizaciones de transporte se refieren con esta ley solo a la cabeza tractora (el semirremolque es de libre utilización).

Además de las empresas transportistas, se prevé la intermediación en el transporte, mediante lo que la LOTT denomina actividades auxiliares y complementarias del transporte (agencias de transporte, transitarios, almacenistas-distribuidores, operadores logísticos; cuya denominación legal ya no se integra en su respectivo título habilitante, sino a voluntad de cada empresa, en su oferta comercial). Estas autorizaciones, como las de transportista, son siempre de radio nacional, por lo que desaparecen las antes también existentes de ámbito inferior (comarcal y local).

En fin, la LOTT regula la responsabilidad administrativa de las diversas empresas –transportistas, intermediarios, cargadores– implicadas en el transporte, y establece las conductas (tipos) constitutivas de infracción, que divide en muy graves, graves y leves, y las sanciones que cada tipo lleva aparejadas. Como únicas previsiones incidentes en el derecho privado (mercantil), crea las juntas arbitrales del transporte, para solución extrajudicial de conflictos derivados de los contratos de transporte terrestre, bajo ciertas condiciones; y también, en su versión de 2013 instituye la llamada «acción directa» que, en una cadena de transportes subcontratados, permite al transportista efectivo cuyo servicio no ha sido pagado por aquel que inmediatamente le contrató (cargador contractual) reclamar esos «portes» al cargador inicial o efectivo.

Saber más

La LOTT ha sido modificada en numerosas ocasiones. La más reciente, por Ley 9/2013, de 4 de julio (BOE n.º 160, de 5 de julio de 2013, págs. 50239 y ss.; rect. BOE n.º 249, de 17 de octubre de 2013, págs. 84270 y ss.).

Actualiza el régimen que venía establecido en la posguerra (Ley de Ordenación de los Transportes Mecánicos por Carretera, de 27 de diciembre de 1947), por tanto, en circunstancias políticas, económicas, sociales y de medios técnicos muy distintas a las de España de finales del siglo xx, marcando un auténtico «punto cero» –como acertadamente proclama su preámbulo– para la construcción de toda la actual normativa.

Acaecida en 1986 la adhesión de España (y Portugal) a la UE, la LOTT nació un año después, con todo el acervo comunitario en materia de transporte terrestre ya incorporado; sin perjuicio de que, a partir de ese momento, el contenido de posteriores reglamentos y directivas de la UE también irá siendo asumido por el derecho español.

Normativa relacionada

- La LOTT es desarrollada por el Reglamento de igual denominación conocido como ROTT, aprobado por RD 1211/1990, de 28 de septiembre (BOE n.º 241, de 8 de octubre de 1990), modificado varias veces.

- En cuanto a delegación de facultades del Estado en las comunidades autónomas en esta materia, es aplicable la Ley Orgánica 5/1987, de 30 de julio.

Referencia legal

BOE n.º 182, de 31 de julio de 1987, págs. 23451 y ss.

Autorizaciones de transporte por carretera

Orden de 11 de abril de 1989

Regula el ejercicio de actividades de transporte por carretera, tanto de viajeros como de mercancías, por las comunidades de bienes.

Contenido

Disposición breve, con solo tres artículos. Las autorizaciones de transporte público por carretera, así como de actividades auxiliares, habrán de otorgarse a personas físicas o jurídicas, no pudiendo ser emitidas a favor de comunidades de bienes (art. 1). Las autorizaciones ya existentes [al momento de entrar en vigor este Orden] otorgadas a favor de comunidades debieron ser transmitidas antes de 1 de enero de 1992 a personas físicas o jurídicas que cumpliesen los requisitos fijados en la legislación vigente, perdiendo, en caso contrario, su validez desde esa fecha. Cuando dicha transmisión se realice a favor de personas físicas integrantes de la correspondiente comunidad o de sociedades cuyos miembros sean solo tales personas físicas, no serán exigibles las limitaciones legales sobre plazos de enajenación y antigüedad de vehículos (art. 2). El reconocimiento de la «capacitación» (hoy, «competencia») profesional prevista en la disposición transitoria primera de la LOTT será a favor de cada una de las personas físicas que formen las comunidades titulares de autorizaciones (art. 3).

Saber más

Esta Orden fue aprobada por el Ministerio entonces denominado «de Transportes, Turismo y Comunicaciones».

La LOTT supuso, entre otros cambios, que las autorizaciones para transporte público, antes centradas en los vehículos, desde este momento se otorguen solo a favor de quienes tengan condición de persona física o jurídica, titulares de tales vehículos.

Ello no rige para las autorizaciones de transporte privado o por cuenta propia, dado el carácter complementario de esa prestación respecto a la principal, ya ejercida por «empresa o establecimiento» bajo cualquier forma de cobertura jurídica.

Normativa relacionada

- LOTT, en especial sus arts. 22, 42-49, 51-52, 56, 91 y 98.
- ROTT, en especial sus arts. 41, 50-51, 109-121 y 144-151.
- Las limitaciones sobre plazos de enajenación y antigüedad de vehículos de que dispensa, en ciertos casos, el art. 2 de esta Orden, son las que aparecen, para el transporte de mercancías, en la Orden del Ministerio de Transporte, Turismo y Comunicaciones, de 31 de julio de 1987 (BOE n.º 187, de 6 de agosto de 1987).

Referencia legal

BOE n.º 99, de 26 de abril de 1989, págs. 12342 y ss.

Sobre la plataforma de la LOTT (Ley 16/1987 de 30 de julio), su Reglamento, más conocido como ROTT –acrónimo casi igual al de la Ley–, detalla algunos aspectos del régimen jurídico aplicable a las relaciones entre una empresa y la administración pública competente en materia de transportes terrestres, tanto de viajeros como de mercancías, sea público (profesional o por cuenta ajena) o privado (o por cuenta propia). Por tanto, en derecho público de este sector, es el segundo escalón de la «pirámide normativa» cuya base es dicha ley.

Contenido

En general, sigue el mismo orden sistemático que la LOTT. Su título I (arts. 1-32) consiste en reglas aplicables a todos los modos de transporte terrestre. Después, el ferrocarril tuvo su propia legislación y los arts. 223-299, constitutivos del título VII del ROTT, fueron derogados expresamente por la Ley 9/2013 de 4 de julio. Nos centramos, por tanto, en todo el conjunto de los anteriores. Comienza, como la LOTT, con unas disposiciones generales, en forma mucho más breve: solo dos artículos –sobre ámbito de aplicación, régimen competencial y principios de ordenación administrativa–, pues ya queda dicho en aquella todo lo importante al respecto. Las «disposiciones relativas al cumplimiento del contrato de transporte» (arts. 3-4) han sido muy aligeradas, pues toda esta materia (límite de indemnización por el transportista, operaciones de carga y descarga de la mercancía, etc.) ha pasado a la Ley 15/2009 de 11 de noviembre, donde en efecto conviene que esté ya que es específica para estas cuestiones; en cuanto al seguro (cuya posible obligatoriedad antaño se previó para el transporte de mercancías), parece que definitivamente ya se ciñe al de transporte de viajeros (art. 5). Los siguientes arts. 6-12 configuran el grueso de la regulación de las juntas arbitrales del transporte, que la LOTT apenas había esbozado (aunque con reglas muy importantes): pormenoriza sus facultades, su competencia territorial, composición, procedimiento, preferencia del crédito devengado por los servicios de transporte prestados, enajenación mediante subasta de mercancías cuyo transporte no hubiera sido abonado y depósito de las mercancías cuyos portes se hubieran pagado (a estos últimos aspectos va dedicada la Orden FOM/3386/2010 de 20 de diciembre). También común al transporte terrestre es todo lo relativo a la inspección (arts. 14-24): su cooperación y coordinación con la Guardia Civil y las policías nacional, autonómica y local, planes de actuación, condición de agentes de la autoridad de los inspectores del transporte y valor probatorio de sus actas, alcance de su actuación y potestades, etc. Los planes de transporte están tratados en los arts. 25 y 26. El llamado transporte sucesivo (por un mismo o varios modos) es contemplado en el art. 27. Los arts. 28-30 se ocupan del régimen de precios, que es libre para el transporte de mercancías, pero no para ciertos servicios de transporte de viajeros. Por último, en los arts. 31-32 se regula el llamado Consejo Nacional de Transportes Terrestres, órgano de colaboración con la Administración con representación muy amplia (incluidos usuarios, sindicatos, etc.).

El título II (arts. 33-46) comienza con las condiciones para el ejercicio de la actividad, en forma muy semejante a la LOTT –de la que repite algunas previsiones–, aunque algo más detallada. Para ser transportista habrá que contar con previo título habilitante, pudiendo acceder al mismo cualquiera que cumpla determinados requisitos: honorabilidad, capacitación profesional (hoy llamada «competencia» profesional) –en general, tras haber superado un examen de aptitud– y capacidad económica. Se exige que cada empresa transportista cuente con un director, y que cumpla toda la normativa laboral y tributaria en vigor. Las empresas transportistas deberán efectuar los servicios utilizando vehículos propios (sin perjuicio de permitirse excepcionalmente y bajo condiciones muy estrictas la llamada «colaboración entre transportistas», que es a lo que se refiere el art. 48, muy importante dado lo habitual en este sector de subcontratar los servicios); este artículo viene extrañamente ubicado tras el de definiciones (art. 47), que en otras normas figura al principio, y va seguido aquí de la regulación del Registro General de Transportistas y de Empresas de Actividades Auxiliares y Complementarias (arts. 49-50) en el que todas las empresas deben estar inscritas y proporcionar numerosos datos de los medios con que cuentan. La colaboración de las asociaciones profesionales con la Administración se retoma en el art. 54, pero ahora ya solo referida al sector transportista, mediante el órgano llamado Comité Nacional de Transportes por Carretera, del que se regula su organización y funcionamiento y, especialmente, la respectiva representatividad en el mismo de las diversas asociaciones, para lograr un conjunto equilibrado.

El título III (arts. 61-108) está dedicado al transporte de viajeros, por lo que no le dedicamos mayor atención en este libro.

Enlazado en cierto modo con el título II descrito, el título IV (arts. 109-158) se refiere a la autorización administrativa previa exigible a todo transportista de servicio discrecional, como es todo el de mercancías (y una parte no desdeñable del de viajeros). Como no podría ser de otra manera, sigue las reglas de la LOTT en cuanto a autorización a la empresa con emisión de una copia

certificada para cada vehículo, expresiva de su matrícula, para llevar a bordo del mismo. Otras cuestiones tratadas son su transmisión, acreditación y revocación. También aquí se hace referencia (art. 87) a la colaboración entre transportistas. El resto del título (arts. 123 y ss.) versa sobre transporte de viajeros o funerario, salvo su art. 140, sobre transporte de mercancías peligrosas y de mercancías perecederas, que en general remite a la normativa específica para esas especialidades. Los arts. 144-155 se refieren al transporte internacional, cuyas autorizaciones han de cumplir desde luego lo previsto al respecto en la LOTT y en una disposición directamente emanada de la UE: el Reglamento (CE) 1072/2009, de 21 de octubre. Termina con tres preceptos (arts. 156-158) dedicados al transporte privado, para cuya realización solo requiere autorización el transporte por cuenta propia denominado «privado complementario», o sea, el industrial.

El título V (arts. 159-192), muy modificado, regula las «actividades auxiliares y complementarias del transporte», es decir, la intermediación (agencias de transporte, transitarios, almacenistas-distribuidores, etc.), todo el régimen del arrendamiento de vehículos (con o sin conductor), y las estaciones y centros de transporte.

Por último, su título VI (arts. 193-222) está dedicado a la responsabilidad administrativa de los participantes en el transporte y a su régimen sancionador, y repite casi literalmente la LOTT en sus largas listas de conductas (tipos) constitutivas de infracción, reiterando igualmente las sanciones que cada tipo lleva aparejadas. Hay que destacar que sí profundiza en el procedimiento sancionador (arts. 203-216), y en las medidas relacionadas de precintado de vehículos y clausura de locales (arts. 217-221). Termina con un art. 222 referido al documento de control administrativo, que sería más adelante (en el año 2012) concretado en una orden ministerial específica.

Cada ley de naturaleza jurídica administrativo suele ir seguida de un reglamento, que la desarrolla. De menor nivel jerárquico (real decreto) que la ley en que se basa –en este caso, el ROTT lo hace en la LOTT–, suele ser más importante desde el punto de vista práctico y contener muchos más artículos.

El ROTT ha sido modificado en numerosas ocasiones. La más reciente, por el RD 1057/2015, de 20 de noviembre (BOE n.º 279, de 21 de noviembre de 2015). Actualmente está en preparación otra de ellas; en este caso, para adaptar su texto a la modificación de la LOTT operada por la Ley 9/2013, de 4 de julio (BOE n.º 160, de 5 de julio de 2013, págs. 50239 y ss.; rect. en BOE n.º 249, de 17 de octubre de 2013, págs. 84270 y ss.).

- Ley 16/1987, de 30 de julio (BOE n.º 182, de 31 de julio de 1987, págs. 23451 y ss.), de Ordenación de los Transportes Terrestres (LOTT), que constituye su base.

- En cuanto a delegación de facultades del Estado en las comunidades autónomas en esta materia, es aplicable la Ley Orgánica 5/1987, de 30 de julio (BOE n.º 182, de 31 de julio de 1987), que el ROTT expresamente cita en su art. 1.2.

- Sobre autorizaciones para transporte de mercancías: Orden FOM/734/2007. Para internacional: Reglamento (CE) 1072/2009.

- Sobre depósito de mercancías ante las juntas arbitrales del transporte: Orden FOM/3386/2010.

- Sobre sanciones a transportistas extranjeros: Orden FOM/287/2009.

- Sobre documento de control administrativo: Orden FOM/2861/2012.

En realidad, casi todas las restantes disposiciones de derecho administrativo sectorial descansan en el ROTT, por lo que su referencia individualizada en este lugar sería en exceso prolija.

BOE n.º 241, de 28 de septiembre de 1990, págs. 29406 y ss.

Transporte de mercancías perecederas: alimentos ultracongelados

Real Decreto 1109/1991, de 12 de julio

Regula el régimen jurídico que deben cumplir los productos ultracongelados destinados a la alimentación humana, a saber: a) los sometidos a un proceso de «congelación rápida» o «ultracongelación», que permita rebasar rápidamente la zona de máxima cristalización del producto; b) aquellos cuya temperatura se mantenga no superior a -18 °C; y c) aquellos en cuya comercialización se indique esta característica.

Contenido

Esta norma general relativa a los alimentos ultracongelados destinados a la alimentación humana, además de definir «alimento ultracongelado» (art. 2), se refiere a materias primas y equipos técnicos (art. 3), sustancias congelantes autorizadas (art. 4), temperaturas y tolerancias (art. 5), envasado y etiquetado (art. 7), exportación e importación (art. 8), venta (art. 9), responsabilidades y régimen sancionador (art. 10) y toma de muestras y métodos analíticos (art. 11).

Dedica solo un artículo a almacenaje, transporte y distribución de esta clase de productos (art. 6). Según el mismo, los equipos usados para congelación rápida, almacenamiento, transporte y distribución local, y los muebles frigoríficos de venta al consumidor deberán ser los adecuados para cumplir la presente norma general y las demás disposiciones jurídicas en vigor (apdo. 1). Como garantía, los servicios de inspección de las diversas Administraciones, en el ámbito de sus respectivas competencias, vigilarán el cumplimiento de esta previsión y controlarán por sondeo las temperaturas que se fijan en el art. 5 (apdo. 2).

Saber más

Este real decreto de artículo único –su norma general– se aplica a los productos ultracongelados suministrados de esa forma no solo al consumidor final, sino también a restaurantes, hospitales, comedores y colectividades similares; y a los que tengan que ser sometidos a transformaciones o preparaciones posteriores, pero quedan excluidos de su ámbito de aplicación los helados alimenticios. Por ello, los dos decretos (RD 168/1985 y RD 2483/1986) que expresamente cita el art. 6 de la norma general están hoy derogados.

Normativa relacionada

- El RD 1109/1991 traspone a nuestro ordenamiento la Directiva 89/108/CEE, de 21 de diciembre de 1988 (DOL n.º 40, de 11 de febrero de 1989, págs. 34 y ss.), sobre aproximación de las legislaciones de los estados miembros en esta materia.

- Su art. 6 fue modificado por el RD 380/1993, de 12 de marzo (BOE n.º 94, de 20 abril de 1993, pág. 11578); naturalmente, hemos considerado solo la versión ya modificada y vigente.

- En materia de responsabilidad y sanciones, su art. 10 remite a la Ley 26/1984, de 19 de julio, de Consumidores, y a la Ley 14/1986, de 25 de abril, General de Sanidad, así como al RD 1945/1983, de 22 de junio, de infracciones en materia de defensa del consumidor.

Referencia legal

BOE n.º 170, de 17 de julio de 1991 (págs. 23724 y ss).

Transporte de mercancías peligrosas: gases licuados de petróleo

Real Decreto 1085/1992, de 11 de septiembre

Establece en su anexo el reglamento de la actividad de distribución de gases licuados del petróleo (GLP). Se aplica a todos los operadores y empresas suministradoras, ya sean nacionales o extranjeros de otros países europeos comunitarios, y en él también se regulan las condiciones de suministro a consumidores o usuarios finales de GLP a granel y envasados.

Contenido

Su anexo regula las definiciones, clasificación y obligaciones generales; los requisitos para ser operador al por mayor de GLP a granel (capacidad legal, técnica y financiera; suministros contractualmente asegurados; medios de almacenamiento; existencias mínimas de seguridad, y condiciones técnicas y de seguridad en las instalaciones) y comercializador al por menor (autorización administrativa de instalaciones; existencias mínimas de seguridad de consumidores o usuarios finales; inhabilitación; etc.); las instalaciones (idoneidad técnica y equipos de medida), obligaciones y responsabilidades; la suscripción de contrato de suministro; la obligación de suministro; el envasado, distribución y venta de envases; la distribución de GLP a granel para automoción; la facturación, derechos de alta y fianzas, remisión de información, etc.; y las infracciones, responsabilidades, sanciones y recursos. Se habla específicamente del transporte en su art. 2, párrafos primero y segundo, y en su art. 8, párrafo primero.

Saber más

Los principales GLP, por su mayor uso y, en consecuencia, frecuencia de su transporte, son el butano y el propano.

Este real decreto ha sido muy modificado: de manera expresa y concreta, en varios de sus artículos y rúbricas, pero de manera más abstracta –«en aquello que contradiga o se oponga»– también por disposición derogatoria única 1 del RD 919/2006, de 28 de julio (BOE n.º 211, de 4 de septiembre de 2006, págs. 31576 y ss.), lo que habrá de tenerse en cuenta.

Normativa relacionada

- Acuerdo ADR sobre el transporte internacional de mercancías peligrosas por carretera.

- RD 97/2014, de 14 de febrero (BOE n.º 50, de 27 de febrero de 2014, págs. 18505 y ss.) sobre el transporte de mercancías peligrosas en España.

Referencia legal

BOE n.º 243, de 9 de octubre de 1992, págs. 34282 y ss.

Orden de 30 de septiembre de 1993

Fija las normas especiales para determinados transportes combinados de mercancías entre estados miembros de la Comunidad Económica Europea.

Contenido

A efectos de esta orden, es transporte combinado aquel en que el vehículo utilice la carretera para la parte inicial, final o ambas del trayecto, y el ferrocarril, la vía navegable o un recorrido marítimo superior a 100 km en línea recta; para el resto de servicios, siempre que la parte del trayecto que se efectúe por carretera lo sea: bien entre el punto de carga de la mercancía y la estación de ferrocarril más próxima o entre el punto de descarga de la mercancía y la estación de ferrocarril más próxima, ya sea en un radio que no exceda de 150 km en línea recta desde el puerto fluvial o marítimo de embarque o desembarque. En tal caso, para trayectos por carretera que no excedan del territorio español, al transportista establecido en España bastará contar con título habilitante para transporte nacional. El precio de este trayecto por carretera será libre. El documento de transporte reflejará las estaciones ferroviarias, o puertos fluviales o marítimos, de embarque y desembarque correspondientes.

Saber más

Esta Orden fue aprobada por el Ministerio entonces denominado «de Obras Públicas, Transportes y Medio Ambiente».

Complementa lo establecido para el transporte internacional por la LOTT y el ROTT con lo previsto en la Directiva 92/106/CEE, de 7 de diciembre de 1992 (DOL n.º 368, de 17 de diciembre de 1992), que esta Orden traspone al derecho español, en relación con determinados transportes combinados intracomunitarios de mercancías. Transporte combinado, multimodal, intermodal, etc., jurídicamente se refieren a fórmulas concretas, como en esta orden.

Normativa relacionada

- Convenio de 19 de mayo de 1956, del contrato de transporte internacional de mercancías por carretera (CMR), art. 2.
- Ley 16/1987, de 30 de julio, de Ordenación de los Transportes Terrestres (LOTT), arts. 27 y 28.
- Su Reglamento, aprobado por RD 1211/1990 de 28 de septiembre (ROTT), arts. 6.2, 27 y 48.1.
- Ley 15/2009, de 11 de noviembre, del contrato de transporte terrestre de mercancías, arts. 67-79.
- Ley 50/1980, de 8 de octubre, sobre el contrato de seguro, art. 55.

Referencia legal

BOE n.º 246, de 14 de octubre de 1993, págs. 29000 y ss.

Realización del visado de las autorizaciones de transporte por carretera, de viajeros y de mercancías, y de sus actividades auxiliares y complementarias.

Contenido

En su apartado primero, establece los plazos de visado, según la clase de autorización distribuyéndola en años pares e impares, y en cada uno de ellos, por meses (exceptuando agosto y diciembre), según la cifra (del 1 al 0) en que termine el NIF o CIF de cada empresa. Los siguientes apartados se refieren a expedición de las tarjetas tras el visado (impreso oficial más documentos a adjuntar), lo que remite a la Ley de Procedimiento Administrativo en cuanto a subsanación de defectos (apdo. 2.º); al periodo de validez (dos años) de las tarjetas de transporte (apdo. 3.º), y a las normas generales sobre la documentación a presentar –original o copia compulsada; posible compulsa por las asociaciones de empresas– (apdo. 4.º).

Un anexo final incluye el modelo de certificado de la validez de la documentación presentada de forma unitaria en relación con el conjunto de las autorizaciones de la empresa (que se especifique) domiciliadas en la comunidad autónoma (que corresponda) o, en su caso, por la Administración periférica del Estado.

Saber más

Esta resolución, aprobada por la Dirección General del Transporte Terrestre, escalona los periodos de visado de autorizaciones a lo largo del año y establece cuándo corresponde visar a cada empresa, con objeto de evitar la hasta entonces acumulación de solicitudes de visado en los últimos días de cada periodo. Además ajusta, en lo posible, la fecha de visado a la de validez de las tarjetas y permite a las empresas solicitar el visado de todas las que posean al mismo tiempo.

Normativa relacionada

- Ley 16/1987, de 30 de julio (LOTT), especialmente sus arts. 22 y 42-49, 51-52, 56, 91 y 98.
- RD 1211/1990, de 28 de septiembre (ROTT), especialmente sus arts. 38, 43, 109-120, 156 y 174-179.
- Ley 39/2015, de 1 de octubre, de Procedimiento Administrativo Común (aplicable por remisión expresa y con carácter subsidiario).
- Orden FOM/734/2007, de 20 de marzo.
- Orden FOM/3528/2011, de 15 de diciembre.

Referencia legal

 BOE n.º 235, de 2 de octubre de 1995, págs. 29056 y ss.

Tiempos de trabajo en el transporte por carretera: jornadas especiales

Real Decreto 1561/1995, de 21 de septiembre

Regula las «jornadas especiales de trabajo», entendiendo por tales aquellas que difieren en uno u otro aspecto de la normativa laboral común en materia de jornada, para lograr una ordenación más flexible de los descansos de manera adecuada a las características de cada actividad. Se incluyen las dedicadas al transporte por carretera, tanto de viajeros como de mercancías.

Contenido

Se refiere a un ámbito dispar de actividades: desde empleados de fincas urbanas, a trabajo en el campo, comercio y hostelería. Al transporte dedica sus arts. 8-12. Para el cómputo de la jornada en los diferentes sectores del transporte distingue entre tiempo de «trabajo efectivo» y «tiempo de presencia», que respectivamente define (art. 8), estableciendo asimismo el descanso mínimo entre jornadas y semanal (art. 9). Las particularidades del tiempo de trabajo en los transportes por carretera están previstas en el art. 10, que dedica especial atención a los que llama «trabajadores móviles», es decir, conductores, ayudantes, etc. que viajen en el vehículo, y define los conceptos que considera comprendidos dentro del tiempo de presencia. Se establecen los límites del tiempo de trabajo de dichos trabajadores (art. 10 bis), los de tiempo de conducción en los transportes por carretera (art. 11, que remite al Reglamento CE 561/2006). Por último, el art. 12 trata específicamente de la jornada de trabajo en los transportes urbanos.

Saber más

Esta norma jurídica ha sido modificada en varias ocasiones; los cambios que afectan al transporte por carretera se recogen en RD 902/2007, de 6 de julio; RD 1635/2011, de 14 de noviembre (sobre tiempo de presencia en transporte por carretera) y RD 311/2016, de 29 de julio (sobre trabajo nocturno).

Además, tiene en cuenta la Directiva 93/104/CE, de 23 de noviembre (DOL n.º 307, de 13 de diciembre de 1993, págs. 18 y ss.), sobre ordenación del tiempo de trabajo.

Normativa relacionada

- Estatuto de los Trabajadores, cuyo texto refundido vigente fue aprobado por RD Legislativo 2/2015, de 23 de octubre (BOE n.º 255, de 24 de octubre de 2015), especialmente sus arts. 34.7, 36.1 y 37.1.

- RD 2001/1983, de 28 de julio, sobre jornada de trabajo, en sus arts. 45, 46 y 47, que este RD 1561/1995 declara vigentes.

- Reglamento (CEE) 561/2006, de 15 de marzo, sobre tiempos de conducción y descanso.

Referencia legal

BOE n.º 230, de 26 de septiembre de 1995, págs. 28606 y ss.

Establece reglas de coordinación en materia de tramitación de autorizaciones de transporte por carretera, tanto de viajeros como de mercancías, y de actividades auxiliares y complementarias.

Contenido

En cuanto al transporte de mercancías, la nueva resolución regula el otorgamiento de autorizaciones nuevas (punto primero), la sustitución de autorizaciones de transporte público por otras de transporte privado para el mismo vehículo (segundo), la transmisión de autorizaciones a un nuevo titular (tercero), el cambio de domicilio de las autorizaciones (cuarto), la sustitución del vehículo al que se encuentra referida la autorización (quinto), la modificación del peso máximo autorizado o la carga útil del vehículo (sexto), la conversión conjunta de autorizaciones TD y MS en autorizaciones MDP (séptimo), la sustitución de autorizaciones (octavo y noveno), la suspensión de las mismas (décimo), el levantamiento de dicha suspensión (undécimo), la renuncia a autorizaciones (duodécimo) y a visados (decimotercero), la rehabilitación de las autorizaciones caducadas por falta de visado (decimocuarto), las tramitaciones simultáneas (decimoquinto) y los modelos de tarjetas de transporte y de sus actividades auxiliares y complementarias (punto decimosexto y último). La Resolución incluye un anexo con estos modelos oficiales.

Saber más

Deroga expresamente la anterior Resolución de 15 de junio de 1995 dictada por el mismo órgano administrativo (Dirección General del Transporte Terrestre, del entonces llamado Ministerio de Obras Públicas, Transportes y Medio Ambiente), que establecía reglas de coordinación en materia de tramitación de las autorizaciones de transporte por carretera y de arrendamiento de vehículos con conductor.

Las siglas TD, referidas a cabezas tractoras, y MS, referidas a semirremolques, no vigentes, aparecían descritas en el apdo. 1.4 de la derogada Resolución de 8 de enero de 1988 de la Dirección General de Transportes Terrestres del entonces llamado Ministerio de Transportes, Turismo y Comunicaciones (BOE n.º 17, de 20 de enero de 1988; págs. 2008 y ss.). Las siglas MDP corresponden a las autorizaciones para efectuar transporte por cuenta ajena de mercancías por carretera con cualquier clase de vehículo: art. 4, párrafo 4.º, de la Orden FOM/734/2007, de 20 de marzo (BOE n.º 75, de 28 de marzo de 2007; págs. 14405 y ss.).

Normativa relacionada

- Ley 16/1987, de 30 de julio (LOTT), especialmente sus arts. 22 y 42-49, 51-52, 56, 91 y 98.
- RD 1211/1990, de 28 de septiembre (ROTT), especialmente sus arts. 38, 43, 109-120, 156 y 174-179.
- Ley 39/2015, de 1 de octubre, de Procedimiento Administrativo Común.
- Resolución de 19 de septiembre de 1995 (Dirección General del Transporte Terrestre).
- Orden FOM/734/2007, de 20 de marzo.
- Orden FOM/3528/2011, de 15 de diciembre.

Referencia legal

BOE n.º 47, de 23 de febrero de 1996, págs. 6879 y ss.

Cooperativas de transportistas

Resolución de 31 de julio de 1997

Establece las características de la relación informatizada de socios que deben acompañar las cooperativas de transportistas y sociedades de comercialización a sus solicitudes de inscripción o modificación registral.

Contenido

Se trata de una disposición muy breve. Conforme a ella, las cooperativas de transportistas y sociedades de comercialización que soliciten su inscripción en el Registro General de Transportistas y de Empresas de Actividades Auxiliares y Complementarias del Transporte, deberán aportar, junto a la restante documentación exigible, una copia de la relación de sus socios sobre soporte informático, como un fichero de texto con registros de campos de longitud fija. En concreto, se determina campo, formato y longitud para los elementos siguientes: fecha de envío, CIF de la cooperativa, CIF/NIF del socio cooperativista, nombre del socio cooperativista, y código de actividad (de las que los números 5 y 6 corresponden a transporte público de mercancías, respectivamente en vehículos pesados y ligeros).

Saber más

Esta Resolución fue aprobada por la entonces denominada Dirección General de Ferrocarriles y Transportes por Carretera, del Ministerio de Fomento.

También se refiere a las sociedades de comercialización, muy poco usadas en transporte por carretera, al revés que las cooperativas. Ambas figuras tienen el mismo tratamiento legal.

En las cooperativas de «transportistas», la cooperativa solo comercializa y cada socio realiza la facturación del transporte; en las de «trabajo asociado» factura la propia cooperativa, aunque sus socios necesitan tener autorización como transportistas.

Normativa relacionada

- Ley 16/1987, de 30 de julio (BOE n.º 182, de 31 de julio de 1987, págs. 23451 y ss.), de Ordenación de los Transportes Terrestres (LOTT), especialmente su art. 119.1, párrafo segundo, letra c; su art. 3, párrafo tercero; y sus arts. 60 y 61.
- RD 1211/1990, de 28 de septiembre (BOE n.º 241, de 28 de septiembre de 1990, págs. 29406 y ss.), que aprueba su Reglamento (ROTT), especialmente su art. 48.2 y 3.
- Ley n.º 27/1999 de 16 Jul. (BOE n.º 170, de 17 de julio de 1999, pág. 27027 y ss.), General de Cooperativas, especialmente su art. 100 (cooperativas «de transportistas») y sus arts. 80-87 (cooperativas «de trabajo asociado»).

Referencia legal

BOE n.º 197, de 18 de agosto de 1997, pág. 25236.

Regula los cursos de formación para conductores de vehículos que transporten mercancías peligrosas, así como los centros de formación que pueden impartirlos.

Contenido

En los 18 apartados que contiene se especifican los centros que podrán impartir los cursos, previa autorización por la Dirección General de Tráfico; los elementos personales (con tres profesores para seguridad, extinción de incendios y primeros auxilios), locales e instalaciones; el material didáctico; la solicitud de la autorización y documentación a presentar con la misma; el otorgamiento de la autorización; la modificación, suspensión y extinción de la misma; la solicitud de aprobación de los cursos y la propia aprobación tanto de cursos como de clases, objetivos y su duración; el certificado de formación; los ejercicios prácticos y pruebas teóricas; cualquier autorización especial; la formación del personal docente, y las inspecciones.

Se complementa con los anexos I y II, sobre formación teórica y práctica, ambas comunes para conductores de cisternas, de explosivos y de materias radiactivas.

Saber más

Se trata de una orden dictada por el Ministerio del Interior.

Desarrolla el Reglamento de Conductores en lo que atañe a esta clase de transporte. Así, regula también los cursos que estos profesionales deben superar y los centros autorizados para impartirlos, y especifica los programas de las materias objeto de los mismos. Además, traspone al derecho español la Directiva 94/55/CE, de 21 de noviembre, siguiendo lo previsto en el Acuerdo ADR.

Normativa relacionada

La legislación concerniente a este tema es extensa. Se anota aquí la más relevante:

- Acuerdo internacional de 30 de septiembre de 1957 (ADR), que regula el transporte internacional de mercancías peligrosas por carretera.

- RD 97/2014, de 14 de febrero, que regula las operaciones de transporte de mercancías peligrosas por carretera en territorio español.

- RD 1032/2007, de 20 de julio, sobre cualificación inicial y formación continua de los conductores profesionales de transporte por carretera (CAP).

- RD 818/2009, de 8 de mayo, que aprueba el Reglamento General de Conductores.

- RD 1256/2003, de 3 de octubre, sobre autoridades de la Administración General del Estado competentes en materia de transporte de mercancías peligrosas.

- RD 1196/2003, de 19 de septiembre. Directriz básica de protección civil para el control y planificación ante el riesgo de accidentes graves en los que intervienen sustancias peligrosas.

Referencia legal

BOE n.º 155, de 30 de junio de 1998, págs. 21618 y ss.

Circulación y matriculación de vehículos: signo distintivo del país

Reglamento (CE) 2411/1998, de 3 de noviembre

Establece el reconocimiento en circulación intracomunitaria del signo distintivo del país miembro de matriculación de los vehículos de motor y sus remolques.

Contenido

El Reglamento, aplicable a todo el ámbito de la UE (art. 1), define el concepto de «signo distintivo de Estado miembro de matriculación» como el conjunto de una a tres letras que identifica el país donde cada vehículo está matriculado. En el caso de España, una letra «E». También define «vehículo» como todo aquel –incluyendo remolques– que concuerde con la Directiva 70/156/CEE (art. 2).

Asimismo, este Reglamento establece que cada país miembro de la UE debe reconocer el signo distintivo nacional de matriculación de los restantes países miembros (art. 3), y que este se ajustará al modelo cuyas especificaciones se indican en el anexo (por ejemplo, ubicación del signo en el lado izquierdo de la placa de matrícula, zona de color azul, debajo de un círculo con las 12 estrellas de la UE en amarillo), y determina su composición y dimensiones, entre otras características.

Saber más

Este Reglamento aplica al ámbito de la UE lo previsto en el art. 37 de la Convención sobre circulación vial, aprobada en Viena, el 8 de noviembre de 1968. España fue uno de los países signatarios de este convenio, que después no ratificó, aunque el Reglamento General de Circulación (Ley 18/1989, de 25 de julio, bases cuarta y quinta, publicado en BOE n.º 178, de 27 de julio de 1989), se sustenta en él.

Normativa relacionada

- Tratado constitutivo de la Comunidad Europea, especialmente su art. 75.1, letra d.
- Convención de la Circulación Vial, de 8 de noviembre de 1968, conocida como Convención de Viena, especialmente su art. 37.
- RD Legislativo 6/2015, de 30 de octubre, texto refundido de la Ley sobre Tráfico, Circulación de Vehículos a Motor y Seguridad Vial.
- RD 2140/1985, de 9 de octubre (BOE n.º 277, de 19 de noviembre de 1985, y rect. en BOE n.º 302, de 18 de diciembre de 1985), y RD 2028/1986, de 6 de junio (BOE n.º 236, de 2 de octubre de 1986, rect. en BOE n.º 150, de 21 de junio de 1996), ambos sobre homologación de vehículos.

Referencia legal

DOL n.º 299, de 10 de noviembre de 1998, págs. 1 y ss.

Disposición extensa y detallada, como corresponde a la complejidad técnica de la materia y a la necesidad de máxima seguridad en la circulación, lo que a su vez supone numerosas concordancias jurídicas, con la normativa española y de la UE, pormenorizadas en su anexo I. El Real Decreto se ocupa de todos los vehículos que circulan por las carreteras españolas, si bien una parte considerable de sus reglas va destinada a vehículos industriales de transporte, tanto de viajeros como de mercancías.

Contenido

En forma muy resumida: normas generales (autorizaciones, registro de vehículos); homologación, inspección y condiciones técnicas (masas y dimensiones, alumbrado, accesorios, etc.) de los vehículos, remolques y semirremolques; autorizaciones de circulación (matriculación, permiso de circulación, tarjeta de inspección técnica; cambio de titularidad, bajas; placas de matrícula; circulación internacional; temporales); etc. Lo completan 18 anexos, sobre: normativa vigente (I); definiciones y categorías de los vehículos (II); espejos retrovisores (III); protección trasera (IV); potencia fiscal (V); dispositivos de retención de la carga en vehículos para personas y carga (VI), neumáticos (VII); frenado (VIII); masas y dimensiones (XI); dispositivos de alumbrado y señalización óptica (X); señales en los vehículos (XI); accesorios, repuestos y herramientas (XII); matriculación (XIII); cambio de titularidad (anexo XIV); bajas y rehabilitación (XV); matriculación especial (XVI); autorizaciones temporales (XVII); y placas de matrícula (XVIII).

Saber más

Ha sido modificado numerosas veces. La más reciente por Orden PRA/499/2017, de 1 de junio de 2017 (BOE n.º 131, 2 de junio de 2017, pág. 45097), que modificó su anexo IX. La circulación de un vehículo incumpliendo las condiciones técnicas contempladas en este Reglamento, cuando suponga un riesgo grave, dará lugar a la inmovilización del vehículo, además de a la iniciación de expediente sancionador.

Normativa relacionada

- Convenio de Ginebra, de 19 de septiembre de 1949 (BOE n.º 88, de 12 de abril de 1958; págs. 643 y ss.), sobre circulación.

- RD Legislativo 6/2015, de 30 de octubre, texto refundido de la Ley sobre Tráfico, Circulación de Vehículos a Motor y Seguridad Vial.

- RD 2140/1985, de 9 de octubre (BOE n.º 277, de 19 de noviembre de 1985, rect. en BOE n.º 302, de 18 de diciembre de 1985), y RD 2028/1986, de 6 de junio (BOE n.º 236, de 2 de octubre de 1986, rect. en BOE n.º 150, de 21 de junio de 1996), ambos sobre homologación de vehículos.

- Ley 30/1995, de 8 de noviembre (BOE n.º 268, de 9 de septiembre de 1995), sobre seguros.

- El anexo I del RD 2822/1998 consiste en una detallada relación en forma de doble lista, entre cada artículo de este Reglamento General y resto de reglamentación vigente, y viceversa.

Referencia legal

BOE n.º 22, de 26 de enero de 1999, págs. 3440 y ss.; rect. BOE n.º 38, de 13 febrero de 1999.

Desarrolla el capítulo I del título II del Reglamento de la Ley de Ordenación de los Transportes Terrestres (ROTT) en materia de expedición de certificados de capacitación profesional para esta actividad.

Contenido

Establece todo lo relativo a los certificados de capacitación profesional y su expedición: clases de certificados (art. 1), competencia para su expedición (art. 2), modelo oficial (art. 3); pruebas para la obtención del certificado de capacitación profesional en sus distintas modalidades: programa oficial (art. 4), periodicidad (art. 5), convocatoria (art. 6), designación de tribunales calificadores (art. 7), composición de los mismos (art. 8), derecho a concurrir a las pruebas (art. 9), contenido de estas (art. 10), estructura de los ejercicios (art. 11), su calificación (art. 12) y expedición de los certificados (art. 13); reconocimiento de los requisitos de capacitación profesional y honorabilidad a los titulares de certificados expedidos por otros países de la UE (arts. 14-15). La Orden incluye dos anexos sobre el modelo oficial de certificado de capacitación profesional (anexo A) y las materias relativas a la actividad de transporte interior e internacional de mercancías (anexo B-I) y viajeros (B-II).

Saber más

Es una orden dictada por el Ministerio de Fomento.

Traspone al ordenamiento jurídico español la Directiva 98/76/CE, del Consejo, de 1 de octubre de 1998, que modificó parcialmente la Directiva 96/26/CE, en aspectos como la práctica de los exámenes para la obtención del certificado de capacitación, su calificación, el programa de materias a examen y el modelo normalizado de certificado.

La «capacitación» profesional hoy se denomina «competencia» profesional.

Normativa relacionada

- Ley Orgánica 5/1987, de 30 de julio, de competencias de las CCAA, art. 13.
- Ley 16/1987, de 30 de julio, de Ordenación de los Transportes Terrestres (LOTT), arts. 43.2 y 47.
- Su Reglamento, aprobado por RD 1211/1990, de 28 de septiembre (ROTT), arts. 33-40.
- Reglamento (CE) 1071/2009, de 21 de octubre de 2009 (DOL n.º 300, de 14 de noviembre de 2009), art. 8.
- La Resolución de 25 de enero de 2007 (de la Dirección General de Transportes por Carretera) modificó los modelos oficiales de certificados previstos en el anexo A de la Orden de 28 de mayo de 1999.

Referencia legal

 BOE n.º 139, de 11 de junio de 1999, págs. 22434 y ss.

Real Decreto 237/2000, de 18 de febrero

Establece las especificaciones técnicas que deben cumplir los vehículos especiales para el transporte terrestre de productos alimentarios a temperatura regulada y los procedimientos para el control de conformidad con esas especificaciones.

Contenido

Se trata de la reglamentación técnica para construcción, control y ensayo de los vehículos para productos alimentarios a temperatura regulada, que realicen transporte íntegramente en territorio español. En ese aspecto remite en bloque al anejo 1 del Acuerdo ATP, más las especificaciones contenidas en el anejo 1 del propio Real Decreto. Se considera que son estos vehículos (isotermos, refrigerantes, frigoríficos o caloríficos) no solo camiones, sino también remolques, semirremolques, contenedores, cajas móviles, etc.

(art. 1). También se ocupa de: certificación de conformidad de tipo –incluido el reconocimiento de los emitidos en otros países– (art. 2), contraseñas de tipo (art. 3), reparaciones y modificaciones (art. 4), inspecciones tanto iniciales, periódicas como excepcionales (art. 5), placa de identificación y ficha de características (art. 6), certificado de conformidad del vehículo (art. 7), requisitos a cumplir por los organismos de control (art. 8), emisión de los certificados de conformidad (art. 9) y documentación generada (art. 10).

Saber más

Tanto el Acuerdo ATP (y, por remisión, el RD 1202/2005) como el presente Real Decreto se refieren solo al transporte de alimentos. La realidad es que el transporte a temperatura dirigida o controlada se extiende, de

hecho, a productos no alimentarios (vacunas, ciertos aparatos electrónicos, flor cortada, etc.), los cuales se someterán, pues, solo a las reglas que acuerden las partes contratantes.

Normativa relacionada

- Acuerdo regulador del transporte internacional de mercancías perecederas y los vehículos especiales utilizados en estos transportes (ATP), aprobado en Ginebra el 1 de septiembre de 1970.

- RD 1202/2005, de 10 de octubre (BOE n.º 252, de 21 de octubre de 2005, págs. 34391 y ss.), que aplica también al transporte nacional en territorio español las reglas del Acuerdo ATP.

Referencia legal

BOE n.º 65, de 16 de marzo de 2000, pág. 10799 y ss.; rect. en BOE n.º 180, de 28 de julio de 2000, págs. 27025 y ss.

Orden de 4 de abril de 2000

Desarrolla el capítulo IV del título IV del Reglamento de la Ley de Ordenación de los Transportes Terrestres (ROTT), en materia de otorgamiento de autorizaciones de transporte internacional de mercancías por carretera.

Contenido

Dispone la clasificación de los transportes internacionales, tanto los liberalizados como los sujetos a autorización obligatoria; la naturaleza de la habilitación genérica y la autorización para los liberalizados (art. 4), y las clases de autorizaciones, bilaterales y multilaterales (arts. 1-5). Sobre la Subsección de Empresas de Transporte Internacional de Mercancías del Registro General de Transportistas y de Empresas de Actividades Auxiliares y Complementarias del Transporte (Retim), se indica que es obligatoria la inscripción registral y los requisitos para efectuarla, así como las condiciones para permanecer en el Retim (arts. 6-8). Del otorgamiento de las autorizaciones de transporte internacional se especifican: a) bilaterales: otorgamiento ordinario, supuestos especiales, devolución; b) multilaterales de la UE, es decir licencias comunitarias: otorgamiento, suspensión de estas y sus copias; c) multilaterales de la Conferencia Europea de Ministros de Transporte (CEMT): otorgamiento de las del contingente ordinario y de las de tránsito libre por Austria (arts. 9-15). También hay reglas especiales sobre autorizaciones para cooperativas de transportistas y sociedades de comercialización (art. 16).

Saber más

Esta Orden del Ministerio de Fomento adapta su precedente de 7 de marzo de 1997 (hoy, derogada) a los cambios habidos en el ROTT por efecto del Real Decreto 1830/1999, de 3 de diciembre, que lo adecúa al Reglamento (CE) 11/98, de 11 de diciembre. Además, flexibiliza el otorgamiento de autorizaciones bilaterales para países terceros, y, por el contrario, regula con mayor rigor la emisión de duplicados de copias de las licencias comunitarias.

Normativa relacionada

- Ley 16/1987 de 30 de julio, de Ordenación de los Transportes Terrestres (LOTT), especialmente sus arts. 65.3, 106 y 108.
- Su Reglamento, aprobado por Real Decreto 1211/1990, de 28 de septiembre (ROTT), especialmente los arts. 144-151.
- Reglamento (CE) 1072/2009, de 21 de octubre, sobre acceso al mercado del transporte internacional de mercancías por carretera y cabotaje.

Referencia legal

BOE n.º 89, de 13 de abril de 2000, págs. 15054 y ss.

Establece una única autorización administrativa, llamada de «operador de transporte de mercancías», para cualesquiera actividades de intermediación o comercialización en este ámbito.

Contenido

La Orden marca la obligatoriedad de la autorización (art. 1); su denominación –como «operador de transporte de mercancías», y el ámbito material de esta (art. 2); domicilio de las autorizaciones (art. 3), órgano competente sobre estas (art. 4); sucursales y locales auxiliares (art. 5); requisitos que deben cumplir los titulares de autorizaciones (art. 6); acreditación de la personalidad jurídica y nacionalidad de la empresa (art. 7); cumplimiento y acreditación del requisito de capacitación profesional (art. 8) y de honorabilidad (art. 9), de capacidad económica (art. 10), de obligaciones fiscales (art. 11) y de obligaciones laborales y sociales –nos referimos a la Seguridad Social– (art. 12); condiciones que han de reunir los locales (art. 13); solicitud de autorizaciones (art. 14); su otorgamiento y documentación (art. 15); comunicación de apertura y cierre de sucursales y locales (art. 16); visado de las autorizaciones (arts. 17-18), y la comprobación en cualquier momento de las condiciones de la autorización (art. 19).

Saber más

Esta Orden del Ministerio de Fomento se refiere a las actividades que en la LOTT estaban –y siguen estando– diferenciadas, como «agencia de transporte», «transitario», «almacenista-distribuidor» y más recientemente también «operador logístico», cuyos términos ya no forman parte de la autorización, que será única –y referida solo a «operador»– para todas ellas. Cabe destacar que los términos mencionados en la LOTT sí pueden ser exhibidos junto a la denominación de cada empresa, como indicación comercial, para describir su respectiva función.

Normativa relacionada

- Ley 16/1987, de 30 de julio, de Ordenación de los Transportes Terrestres (LOTT), arts. 119-123, y 140.31.
- Su Reglamento, aprobado por Real Decreto 1211/1990, de 28 de septiembre (ROTT), arts. 10, 27, 33.1, 40.2, 48.3.c, 159-164, 167-173, 197.18 y 198.27.
- Ley 15/2009, de 11 de noviembre, del contrato de transporte terrestre de mercancías, art. 5.2.
- Orden FOM/1882/2012, arts. 5-6 y anexo 1.3.

Referencia legal

BOE n.º 185, de 3 de agosto de 2000, págs. 27834 y ss.

Establece las características mínimas que deben cumplir las «bocas de hombre» y la inspección de las cisternas de carburante (gasolina, gasóleo y fueloil ligeros), así como de combustibles de calefacción doméstica y otros de uso industrial que estén calificados en el Acuerdo ADR como materias de la clase 3, y que además tengan una presión de cálculo de la cisterna de menos de 0,75 kg/cm^2 de presión monométrica.

Contenido

Se trata de una disposición de carácter fuertemente técnico. La tapa de «boca de hombre» será de 6 mm de espesor de acero cincado de características mínimas de tipo A-430-B (A-44-b) [...], según el Acuerdo ADR. También se regula el espesor del cuello de la «boca de hombre» y el material de su construcción.

La tapa irá atornillada al cuello de la «boca de hombre», con 24 tornillos de determinadas características y materiales.

El tapín o boca de inspección reducida será de determinados materiales y con los resortes que se indican. También se fijan las características del puente tapín y su tornillo de apriete.

A pesar de este detalle, se permite que la autoridad competente autorice otro tipo de «boca de hombre» y de inspección, siempre que cumpla lo exigido en el ADR, marginal 211.130.

Se considera que cumplen la reglamentación exigible las cisternas procedentes de otros países del Espacio Económico Europeo, construidas conforme a normas técnicas equivalentes a las del presente Real Decreto.

Saber más

Se llama «boca de hombre» a la abertura en una cisterna que permite el paso de una persona, a fin de efectuar su inspección interna.

En su reunión de 16-20 de noviembre de 1998, el grupo de trabajo de Naciones Unidas WP-15 acordó y reflejó en su informe (documento TRANS/WP.15/155, apdos. 52-54) que las autoridades nacionales debían fijar normas para la correcta aplicación del marginal 211.130 del Acuerdo ADR. En España, el presente Real Decreto da respuesta a ese acuerdo.

Normativa relacionada

- Acuerdo sobre el transporte internacional de mercancías peligrosas por carretera (ADR), de 30 de septiembre de 1957.

- RD 97/2014, de 14 de febrero (BOE n.º 50, de 27 de febrero de 2014, págs. 18505 y ss.), sobre transporte de mercancías peligrosas en España.

Referencia legal

BOE n.º 171, de 18 de julio de 2001, págs. 25889 y ss.

Transporte nacional de mercancías perecederas: competencias interministeriales

Real Decreto 1010/2001, de 14 de septiembre

Indica las autoridades de la Administración General del Estado que son competentes en materia de transporte de mercancías perecederas y, en particular, regula la comisión interministerial para la coordinación de dicho transporte.

Contenido

Se concreta a qué departamentos gubernamentales del Estado se ha de referir la expresión «autoridades competentes» que aparezca en cualquier norma: según su ámbito concreto, los ministerios de Asuntos Exteriores, Interior, Fomento, Agricultura, Sanidad y Consumo –con sus denominaciones actualizadas–, así como el de Ciencia y Tecnología (art. 1) –hoy absorbido por otro Ministerio–. A continuación, constituye y regula la entidad máxima interministerial competente sobre la materia, la denominada Comisión para la coordinación del transporte de mercancías perecederas: sus fines, funciones, órganos internos (pleno y comisión permanente), sus subcomisiones y grupos de trabajo, su secretario, así como el apoyo técnico y administrativo a la misma por parte de la Subsecretaría de Fomento, la posible participación y colaboración de asesores externos –representantes de empresas, entidades, organismos o asociaciones, y expertos individuales–, y el régimen de funcionamiento (arts. 2-11).

Saber más

Esta Comisión pretende coordinar y velar por el ejercicio armónico de las diversas competencias administrativas, actuar como foro de interlocución entre todas ellas, facilitar el desarrollo de una normativa para esta clase de transporte y unificar los criterios de aplicación de la misma. Asimismo, trabaja por encauzar los aspectos técnicos de la representación de España ante los organismos internacionales.

Normativa relacionada

- RD 416/2016, de 3 de noviembre de 2016 (BOE n.º 267, de 4 de noviembre de 2016, págs. 76631 y ss.), sobre denominación actual de los Ministerios.

- Acuerdo internacional regulador del transporte internacionales de mercancías perecederas (ATP), de 1 de septiembre de 1970.

- RD 1202/2005, de 10 de octubre (BOE n.º 252, de 21 de octubre de 2005, págs. 34391 y ss.), que aplica también al transporte nacional en territorio español las reglas del Acuerdo ATP.

Referencia legal

BOE n.º 230, de 25 de septiembre de 2001, págs. 35518 y ss.

Certificado de conductor de transporte de terceros países

Orden FOM/3399/2002, de 20 de diciembre

Establece un certificado, de carácter obligatorio, para los conductores profesionales de países no miembros de la UE que trabajen en el transporte por carretera, sea de viajeros o de mercancías, tanto de carácter público (por cuenta ajena) o privado (por cuenta propia).

Contenido

Tras establecer la obligatoriedad del certificado de conductor (art. 1), la Orden se refiere a la expedición del mismo, a solicitud de la empresa transportista (ante la comunidad autónoma en que tenga residenciada alguna autorización de transporte), adjuntando la documentación que se indica y previendo la inscripción de los datos en el Registro General de Transportistas y de Empresas de Actividades Auxiliares y Complementarias del Transporte, la expedición del certificado y una copia legalizada del mismo (art. 2).

El certificado, con validez de dos años o hasta que expire el permiso de conducción del conductor, deberá ajustarse al modelo establecido en el anexo I de esta Orden, y será propiedad de la empresa transportista, que lo pondrá a disposición del conductor, para llevarlo consigo a bordo, además de conservar en los locales de la empresa copia legalizada del mismo, a fin de presentar original o copia cada vez que lo requieran los miembros de la Inspección de Transportes o los agentes de la autoridad encargados de vigilar el transporte en ruta (art. 3).

Saber más

Este certificado sirve para comprobar que los conductores trabajan legalmente y, en consecuencia, evitar la contratación irregular de estos, especialmente de terceros países (externos a la UE), en condiciones laborales y económicas inadecuadas, lo cual resulta peligroso para la seguridad vial y, además, provoca una grave distorsión de la competencia por parte de las empresas que realizan tales indebidas prácticas.

Las órdenes ministeriales van numeradas –como tradicionalmente, los reales decretos–, ese número va precedido por la indicación, con un código de tres letras, del respectivo Ministerio que las ha aprobado, solo a partir del Acuerdo del Gobierno de 21 de diciembre de 2001 (BOE n.º 306, de 22 de diciembre de 2001, págs. 49253 y ss.). Así lo hacemos también en la presente publicación. En el caso del Ministerio de Fomento, estas siglas son FOM.

Normativa relacionada

- Reglamento (CE) n.º 1791/2006, de 20 de noviembre (DOL n.º 363, de 20 de diciembre de 2006, págs. 1 y ss.), que adapta reglamentos y decisiones en materia de libre circulación de personas y política de transportes, entre otras.

- Directiva 2003/59/CE, de 15 de julio (DOL n.º 226, de 10 de septiembre de 2003, págs. 4 y ss.), sobre cualificación inicial y formación continua de conductores de vehículos de carretera.

Referencia legal

BOE n.º 8, de 9 de enero de 2003, págs. 926 y ss.

Como se indica en el propio título de la ley, esta abarca un ámbito mucho más amplio que el transporte de los animales vivos: su objetivo es prevenir, combatir, controlar al evitar la propagación y erradicar las enfermedades de los animales, incluyendo aquellas susceptibles de ser transmitidas a la especie humana. En consecuencia, comprende tanto a los animales como a todo aquello que en algún momento esté en contacto con ellos, y por supuesto también a los vehículos y medios de transporte.

Contenido

Dedica al transporte varios preceptos. En su art. 2,c, se limita a mencionar los medios de transporte de animales (junto a alojamientos del ganado, pastizales, explotaciones, instalaciones y utillaje, etc.), y les dedica más adelante una atención específica: los vehículos deberán estar autorizados, igual que la empresa propietaria, por la comunidad autónoma en que radiquen; cumplir las condiciones higiénico-sanitarias y de protección animal que se establezcan, y exhibir los rótulos indicativos que proceda; y los conductores, a bordo del vehículo, dicha autorización administrativa más la pertinente documentación de traslado (art. 47). Estos transportistas llevarán para cada vehículo un registro –a conservar durante un año–, en el que se reflejen todos los viajes efectuados (art. 48), limpieza y desinfección de los vehículos tras cada viaje (art. 49), necesario certificado sanitario oficial de origen (art. 50), etc. Entre las infracciones (arts. 83-85), aparecen varias relativas al transporte irregular de animales.

Saber más

La normativa española básica sobre sanidad animal databa de los años cincuenta (Ley de Epizootias de 1952 y su Reglamento de 1955). Pese a la utilidad de la misma, grandes cambios acaecidos con efecto en este ámbito (creación de las CCAA con competencias en ganadería, incorporación de España a la UE –con su esencial carencia de fronteras interiores–, nuevas formas de explotación animal colectiva, etc.), aconsejaron la promulgación de esta ley.

Normativa relacionada

- Reglamento (CE) núm. 1/2005 del Consejo, de 22 de diciembre de 2004 (DOL n.º 3 de 5 de enero de 2005, pág. 1; rect. en DOL n.º 336, de 20 de diciembre de 2011, pág. 86), sobre protección de los animales durante el transporte y operaciones conexas; especialmente su art. 25.

- RD 1559/2005, de 23 de diciembre (BOE n.º 312, del 30, págs. 43146 y ss.; rect. en BOE n.º 34, de 9 de febrero de 2006, pág. 4942), sobre centros de limpieza y desinfección de los vehículos dedicados al transporte por carretera de ganado.

- RD 542/2016, de 25 de noviembre (BOE n.º 297, de 9 diciembre de 2016; págs. 86034 y ss.), de sanidad y protección animal durante el transporte.

- Véanse, además, Orden FOM/1882/2012, anexo, 7.11; Ley 15/2009, art. 50, y Convenio CMR arts. 17.4, letra f, y 18.5.

Referencia legal

 BOE n.º 99, de 25 de abril de 2003, págs. 16006 y ss.

Se trata de la directriz básica de protección civil para el control y planificación ante el riesgo de accidentes graves en los que intervienen sustancias peligrosas.

Contenido

El Real Decreto recoge los fundamentos (art. 1), conceptos de riesgo, daño y vulnerabilidad (art. 2), autoprotección (art. 3), informe de seguridad (art. 4), inspecciones (art. 5), ordenación territorial y limitaciones a la radicación de los establecimientos (art. 6), planes a escala de comunidad autónoma y planes de emergencia exterior (art. 7), así como el plan estatal de protección civil frente al riesgo de accidentes graves en determinados establecimientos con sustancias peligrosas (art. 8).

Incluye dos anexos (I y II), uno sobre contenido de la información básica y otro sobre los formatos de notificación de accidentes.

Saber más

Incorpora cambios en aspectos tan importantes como la prevención de accidentes graves, la adopción de sistemas de gestión de seguridad, el diseño de planes de autoprotección, la elaboración de informes de seguridad, la realización de inspecciones y la comunicación de la información al público, entre otros. Además se incluyen formatos normalizados para la notificación de accidentes graves a la Comisión Europea.

Normativa relacionada

- RD 416/2016, de 3 de noviembre de 2016 (BOE n.º 267, de 4 de noviembre de 2016, págs. 76631 y ss.), sobre denominación actual de los Ministerios.

- Acuerdo de 30 de septiembre de 1957 (ADR), que regula el transporte internacional de mercancías peligrosas por carretera.

- RD 97/2014, de 14 de febrero (BOE n.º 50, de 27 de febrero de 2014), que regula el transporte de mercancías peligrosas por carretera en territorio español.

Referencia legal

BOE n.º 242, de 9 de octubre de 2003, págs. 36428 y ss.

Indica las autoridades de la Administración General del Estado que son competentes en materia de transporte de mercancías peligrosas y, en particular, regula la comisión interministerial para la coordinación de dicho transporte.

Contenido

Se concreta a qué departamentos gubernamentales del Estado se ha de referir la expresión «autoridades competentes» que aparezca en cualquier norma: según su ámbito concreto, los ministerios de Asuntos Exteriores, Interior, Fomento, Agricultura, Economía –con sus denominaciones actualizadas–, así como los de Medio Ambiente y Ciencia y Tecnología –hoy absorbidos por otros ministerios– (art. 1). A continuación, regula la entidad máxima interministerial competente sobre la materia, la denominada Comisión para la coordinación del transporte de mercancías peligrosas: sus funciones, órganos internos (pleno y comisión permanente), sus subcomisiones y grupos de trabajo, su secretario, así como el apoyo técnico y administrativo a la misma por parte de la Subsecretaría de Fomento, y la posible participación y colaboración de asesores externos, tales como representantes de empresas, entidades, organismos o asociaciones, y expertos individuales (arts. 2-10).

Saber más

La directriz tiene en cuenta las más recientes modificaciones en la estructura y funciones de la Administración General del Estado, así como otras normas de singular importancia que, en mayor o menor medida, han afectado a la regulación de las mercancías peligrosas y su transporte. Asimismo incide en la utilidad de rediseñar las funciones de apoyo técnico y administrativo a la comisión interministerial.

Normativa relacionada

- RD 416/2016, de 3 de noviembre de 2016 (BOE n.º 267, de 4 de noviembre de 2016, págs. 76631 y ss.), sobre denominación actual de los Ministerios.

- Acuerdo sobre el transporte internacional de mercancías peligrosas por carretera (ADR), de 30 de septiembre de 1957.

- RD 97/2014, de 14 de febrero (BOE n.º 50, de 27 de febrero de 2014), que regula el transporte de mercancías peligrosas por carretera en territorio español.

Referencia legal

BOE n.º 243, de 10 de octubre de 2003, págs. 36553 y ss.

Reglamento General de Circulación

Real Decreto 1428/2003, de 21 de noviembre

Supone el desarrollo detallado de la Ley de Tráfico –nombre con que se conoce al tradicionalmente llamado Código de la Circulación– en vigor al momento de su promulgación, tras numerosas modificaciones. Guarda relación tangencial con el transporte –de viajeros y de mercancías–, aunque su espectro es mucho más amplio: no solo los transportistas, sino todos los usuarios de las vías públicas.

Contenido

Tras un título preliminar sobre su ámbito de aplicación, de modo muy resumido le siguen: título I sobre comportamiento en la circulación (normas generales, carga de vehículos, transporte de personas y mercancías, conductores, y alcohol y drogas); título II sobre circulación de vehículos (lugar en la vía, velocidad, prioridad de paso, vehículos y transportes especiales, incorporación, cambios de dirección, de sentido y marcha atrás, adelantamiento, parada y estacionamiento, pasos a nivel, túneles, alumbrado, y advertencias).;

título III sobre otras normas (puertas y apagado de motor, elementos personales de seguridad, tiempos de conducción y descanso, peatones, animales, y emergencias); título IV sobre señalización (prioridad, formato, aplicación, retirada, sustitución y alteración, y significado), y título V sobre señales en los vehículos. Termina con tres anexos: representación gráfica de las señales (I), pruebas deportivas, marchas ciclistas y otros eventos (II) y circulación de los vehículos y transportes especiales (III).

Saber más

Este Reglamento corresponde a la Ley 19/2001, de 19 de diciembre (disposición final segunda), de reforma de la Ley sobre Tráfico, Circulación de Vehículos a Motor y Seguridad Vial, aprobada (texto refundido) por RD Legislativo 339/1990, de 2 de marzo.

Encontrándose hoy [diciembre de 2017] esta sustituida por la Ley de Tráfico aprobada (texto refundido) por RD Legislativo 6/2015, de 30 de octubre, el presente Reglamento sigue provisionalmente vigente –en lo no opuesto a la misma–.

Normativa relacionada

- Real Decreto Legislativo 6/2015, de 30 de octubre. Texto refundido de la Ley de Tráfico.

En materia de transporte de personas y de mercancías, y de tiempos de conducción y descanso:

- Ley 16/1987, de 30 de julio (LOTT), y su Reglamento, aprobado por RD 1211/1990, de 28 de septiembre (ROTT), así como Reglamento (CEE) 561/2006, de 15 de marzo, y Acuerdo internacional AETR.

Referencia legal

BOE n.º 306, de 23 de diciembre de 2003, págs. 45684 y ss.

Se regula la capacitación profesional exigible a los llamados «consejeros de seguridad», de quienes deben disponer, como directores técnicos, las empresas dedicadas al transporte de mercancías peligrosas por carretera, por ferrocarril o por vía navegable, a fin de contribuir a la prevención de los riesgos que, para las personas, los bienes o el medio ambiente, implican tales actividades.

Contenido

Se concreta el procedimiento para obtener los certificados acreditativos de la posesión de los conocimientos necesarios para su actuación. Consta de seis artículos en los que se determinan las modalidades de exámenes –uno para cada modo de transporte, posibilidad de examen para una sola «clase» de mercancía peligrosa (explosivos, gases, inflamables, etc.) (art. 1); el contenido de los exámenes –dos pruebas: una tipo test, sin consulta de textos, y otra de solución a un caso práctico, con consulta, el tiempo para cada una y su valoración–

(art.2); las convocatorias, que mínimo son una cada año, por cada comunidad autónoma (art. 3); las pruebas –concurrencia a las que se celebren en lugar de residencia del aspirante a consejero– (art. 4); los certificados, indicando su emisión por parte de las CCAA, validez por cinco años y renovables por otros cinco tras superar una prueba (art. 5), y, por último, el contenido de las pruebas para la renovación de los certificados (art. 6). Como anexo, incluye el modelo de certificado a que deben ajustarse los que se emitan.

Saber más

Para aplicación del Real Decreto 1566/1999 en materia de acreditación de conocimientos de los consejeros de seguridad (exámenes y sus convocatorias, estructura de los ejercicios y los correspondientes certificados de aptitud,

etc.), ya se dictó la Orden ministerial de 21 de octubre de 1999, que fue necesario adaptar a determinados cambios en el Acuerdo ADR, como hace la presente Orden, que sustituye a aquella, derogándola expresamente.

Normativa relacionada

- Acuerdo sobre el transporte internacional de mercancías peligrosas por carretera (ADR), de 30 de septiembre de 1957.

- RD 1566/1999, de 8 de octubre, que regula los consejeros de seguridad para el transporte de mercancías peligrosas (BOE

n.º 251, de 20 de octubre de 1999, págs. 36830 y ss.).

- RD 97/2014, de 14 de febrero (BOE n.º 50, de 27 de febrero de 2014, págs. 18505 y ss.), sobre transporte de mercancías peligrosas en España.

Referencia legal

BOE n.º 59, de 9 de marzo de 2004
(págs. 10583 y ss.).

Publica las llamadas «fichas de intervención» para la actuación de los servicios operativos en situaciones de emergencia provocadas por accidentes que ocurran en el transporte de mercancías peligrosas por carretera o por ferrocarril, con la finalidad de que tales servicios puedan disponer de criterios homogéneos de actuación, en los primeros momentos de cada emergencia.

Se trata de la orden INT/3716/2004 de 28 de octubre de 2004, del Ministerio del Interior, publicada en el BOE n.º 276 de 16 Noviembre 2004, págs. 37684 y ss., sobre fichas de intervención para la actuación de los servicios operativos en situaciones de emergencia provocadas por accidentes en el transporte de mercancías peligrosas por carretera o por ferrocarril.

Contenido

Las fichas incluidas en esta Orden del Ministerio del Interior van dirigidas a los servicios de intervención en situaciones de emergencia. Contienen las principales medidas de prevención y protección adecuadas que deben ser tomadas, para cada tipo de mercancía peligrosa, en los primeros momentos del accidente.

Corresponden a las materias y objetos que figuran en la tabla A del capítulo 3.2 «Lista de mercancías peligrosas» del Acuerdo internacional ADR.

Incluyen las correspondientes a las materias de la clase 1 «materias y objetos explosivos» y de la clase 7 «materias radiactivas», elaboradas en el ámbito nacional.

Las fichas figuran en el anexo a la presente Orden y se publican íntegras en el Suplemento al BOE n.º 276, de 16 de noviembre de 2004.

Saber más

Estas fichas han sido elaboradas por el Consejo Europeo de la Industria Química (Cefic), en el marco de su programa Responsable Care, por un grupo de especialistas químicos y jefes de bomberos con experiencia en estas situaciones, con el apoyo financiero de la Comisión Europea (Dirección General VII de Transportes), y en España, gracias al trabajo conjunto de la Dirección General de Protección Civil y la Federación Empresarial de la Industria Química Española (Feique).

Normativa relacionada

- Acuerdo sobre el transporte internacional de mercancías peligrosas por carretera (ADR), de 30 de septiembre de 1957.

- RD 97/2014, de 14 de febrero (BOE n.º 50, de 27 de febrero de 2014, págs. 18505 y ss.), sobre transporte de mercancías peligrosas en España.

Referencia legal

 BOE n.º 276, de 16 de noviembre de 2004 (págs. 37684 y ss.).

Orden FOM/3743/2004, de 28 de octubre

Sienta las bases reguladoras de la concesión de ayudas económicas a las sociedades de garantía recíproca que presten sus avales a empresas de transporte por carretera, tanto de viajeros como de mercancías.

Contenido

Con estas ayudas se pretende contribuir a la solvencia de las sociedades de garantía recíproca (SGR) que operen en el sector del transporte por carretera mediante aportaciones no reintegrables destinadas al fondo de provisiones técnicas (art. 2). La Orden fija los requisitos generales que deben cumplir las SGR beneficiarias en forma negativa, es decir, *no* haber incurrido en ciertos supuestos y que así sea manifestado mediante una declaración responsable (art. 3); los requisitos para el otorgamiento y pago de estas ayudas –en el ámbito nacional, el 50 % de participaciones procedentes de, y de aportaciones destinadas a, empresas transportistas o intermediarias, haber dado en efecto avales el año anterior en cierta cuantía– (art. 4); la forma de solicitud de las ayudas según el modelo en anexo I, plazo, etc. (art. 5); la convocatoria y procedimiento (art. 6); la cuantía máxima, criterios de valoración y ponderación de los mismos (art. 7), y las obligaciones de las SGR beneficiarias (art. 9), entre otros detalles.

Saber más

Modificada por Orden FOM/3995/2005, de 9 de diciembre (BOE n.º 304, de 21 de diciembre de 2005, págs. 41759 y ss.). Y sustituye a la Orden FOM/55/2003, de 15 de enero (BOE n.º 19, de 22 de enero de 2003, págs. 2971 y ss.), que queda expresamente derogada.

Normativa relacionada

- Ley 1/1994, de 11 de marzo (BOE n.º 61, de 12 de marzo de 1994, págs. 8172 y ss.), sobre régimen jurídico de las sociedades de garantía recíproca, especialmente su art. 9.a).

- Ley 38/2003, de 17 de noviembre (BOE n.º 276, de 18 de noviembre de 2003, págs. 40505 y ss.), General de Subvenciones.

- Orden FOM/3370/2009, de 2 de diciembre (BOE n.º 301, de 15 de diciembre de 2009, págs. 105906 y ss.), que determina los órganos competentes para el otorgamiento y la tramitación de las ayudas para la formación en el transporte por carretera y para las sociedades de garantía recíproca que operen en este sector.

Referencia legal

BOE n.º 276, de 16 de noviembre de 2004 (págs. 37863 y ss.).

Seguro de responsabilidad civil de circulación

Real Decreto Legislativo 8/2004, de 29 de octubre

Ley del seguro obligatorio de responsabilidad civil en la circulación de vehículos a motor.

Contenido

Tras delimitar el concepto y alcance de la responsabilidad civil por daños a personas y bienes, con motivo de la circulación (art. 1), trata sobre la obligación legal de asegurarse de todo propietario de vehículo con estacionamiento habitual en España (art. 2), consecuencias de su incumplimiento (art. 3), ámbito territorial del aseguramiento obligatorio y sus límites cuantitativos (art. 4); material y sus exenciones (art. 5); obligaciones del asegurador y del perjudicado (art. 7); convenios de indemnización y declaración amistosa de accidente (art. 8); mora del asegurador (art. 9) y facultad de repetición por este (art. 10); funciones del Consorcio de Compensación de Seguros (art. 11); ejercicio judicial de la acción ejecutiva (arts. 12-17) y siniestros ocurridos en un país distinto al de residencia del perjudicado (arts. 20-31). Los daños corporales y perjuicios patrimoniales (incluidos daños morales, lucro cesante, etc.), causados a personas, se cuantificarán según los criterios de su amplio título IV (arts. 32-143) y dentro de los límites indemnizatorios del anexo (tablas).

Saber más

Para daños personales, se basa en la responsabilidad objetiva, es decir, sin necesidad de culpa del causante, sino por el mero acaecimiento del hecho dañoso, derivado del riesgo mismo de la circulación, salvo culpa exclusiva del perjudicado o fuerza mayor (art. 1). En cambio, para daños a cosas, sí se exige que concurra culpa del causante, conforme al art. 1902 del Código Civil.

Fue modificada por la Ley 21/2007, de 11 de julio (BOE n.º 166, del 12 de julio de 2007).

Normativa relacionada

- RD 1507/2008, de 12 de septiembre (BOE n.º 222, de 13 de septiembre de 2008, págs. 37487 y ss.), que aprueba el Reglamento de esta Ley.

- Ley 50/1980, de 8 de octubre, sobre el contrato de seguro, art. 75: el Gobierno puede imponer como obligatorio el seguro de responsabilidad civil para las actividades que considere oportuno.

Referencia legal

BOE n.º 222, de 13 de septiembre de 2008 (págs. 37487 y ss.).

Normas de seguridad de los contenedores, de conformidad con el Convenio Internacional sobre la Seguridad de los Contenedores, de 2 de diciembre de 1972, para transporte nacional e internacional de mercancías.

Contenido

Tras delimitar su ámbito de aplicación, y presentar una extensa lista de definiciones (22 conceptos), se refiere a la construcción de los contenedores, mediante certificado de conformidad y placa de aprobación, según fueran construidos antes o después del Convenio de 1972 (arts. 3-4); contenedores fabricados en otros estados miembros de la UE o en países miembros de la Asociación Europea de Libre Comercio (AELE) (art. 5); reparación y sustitución de partes, aprobación de contenedores sin placa, inspecciones periódicas, y reparaciones por daños sufridos accidentalmente (arts. 7-11); y laboratorios oficiales, organismos de control, defectos importantes de los contenedores – tanto en general como los específicos para transporte de mercancías peligrosas– y otros aspectos técnicos (arts. 12-18). Incluye anexos sobre métodos de examen de contenedores, defectos importantes y pruebas de resistencia para contenedores-cisternas o cajas móviles de mercancías peligrosas.

Saber más

El espectacular aumento, desde la década de 1950, del uso de contenedores para el transporte de mercancías, por la facilidad de su manipulación y transbordo entre vehículos, y la protección y evitación de riesgos a su contenido, ha incrementado el interés por mejorar su seguridad, incorporando las previsiones del Convenio internacional de 1972 y otras recomendadas por la experiencia adquirida en su uso durante las décadas siguientes.

Normativa relacionada

- Convenio Internacional sobre la Seguridad de los Contenedores, de 2 de diciembre de 1972 (BOE n.º 219, de 13 de septiembre de 1977, págs. 20540 y ss.).

- Sobre contenedores, art. 47.1, párrafo segundo, de la Ley 15/2009, de 11 de noviembre, y apdo. 4.8 del Anexo de las Condiciones Generales aprobadas por la Orden FOM/1882/2012 de 1 de agosto.

Referencia legal

BOE n.º 12, de 14 de enero de 2005 (págs. 1517 y ss.).

Reglamento (CEE) 37/2005, de 12 de enero

Este Reglamento comunitario trata sobre control de temperaturas en los medios de transporte y locales de depósito y almacenamiento de alimentos ultracongelados destinados al consumo humano, imponiendo el uso de instrumentos de medida y registro de la temperatura de dichos productos en tales lugares.

Contenido

Los medios de transporte y los locales de depósito y almacenamiento de alimentos ultracongelados para consumo humano deberán disponer de instrumentos de medida y registro adecuados para controlar a intervalos regulares y frecuentes la temperatura del aire a que están sometidos los alimentos ultracongelados.

Estos instrumentos deben cumplir las normas EN 12830, EN 13485 y EN 13486. Por las empresas se conservarán todos los documentos que permitan verificar que los instrumentos antes mencionados cumplen la norma EN pertinente.

Los responsables de las empresas deberán fechar y guardar los datos de temperaturas registradas durante un año o un periodo más largo, teniendo en cuenta la naturaleza y el periodo de conservación de esta clase de alimentos.

Se exceptúan de tales exigencias las vitrinas en comercios de venta al por menor y los medios de distribución local, en que bastará un termómetro colocado en un lugar fácilmente visible (en el caso de las vitrinas, colocado a nivel de la línea de su carga máxima).

Saber más

En el transporte bajo temperatura dirigida o controlada, siempre de mercancías perecederas, de diversa naturaleza (vacunas, material informático, flor cortada, etc.), ocupan lugar preferente los alimentos, entre ellos, los destinados al consumo humano, y dentro de los cuales, los más delicados, por su rigurosa exigencia térmica, son los llamados ultracongelados. De ahí la especial importancia de este Reglamento.

Normativa relacionada

- Acuerdo sobre transporte internacional de mercancías perecederas por carretera (ATP), de 1 de septiembre de 1970.

- RD 1202/2005, de 10 de octubre, que aplica las reglas del Acuerdo ATP también al transporte nacional en España.

Sobre responsabilidad en el contrato de transporte, respecto a esas mercancías:

- OM FOM/1882/2012, su anexo, 7.12.
- Ley 15/2009, especialmente arts. 49.1, letra d, y 51.
- Convenio CMR, en especial arts. 17.4, letra d, y 18.4.

Referencia legal

DOL n.º 10, de 13 de enero de 2005, págs. 18 y ss.; rect. en DOL n.º 153, de 16 de junio de 2005, págs. 43 y ss.

Implanta el tacógrafo digital, modalidad técnicamente más perfeccionada de este aparato que, instalado en los vehículos de transporte por carretera, tanto de viajeros como de mercancías, sirve para registrar, entre otros datos, los tiempos de conducción y de descanso (movimiento y paradas del vehículo, etc.). Se constituye como el medio de control por la administración pública –y prueba a todo efecto– del cumplimiento de la normativa sobre esta materia.

Contenido

La Orden define el concepto de tacógrafo digital y tarjeta (art. 1); las clases de tarjeta (art. 2); su titularidad (art. 3); tarjetas de conductor (arts. 4-9), de empresa (arts. 10-14) y del centro de ensayo (arts. 15-19): en los tres casos, especificando la primera emisión, su contenido, características y plazo de validez, renovación, modificación de datos, sustitución y canje; tarjetas de control: expedición, contenido, características y plazo de validez, transferencia de datos y unidad intravehicular, deber de conservar datos, su descarga o *volcado*, su integridad, confidencialidad y disponibilidad para la Administración (arts. 20-26); creación y características del fichero sobre gestión de tarjetas de tacógrafo digital (art. 27).

En las diversas disposiciones, se establecen cómo deben ser las anotaciones de origen y destino del periodo de trabajo diario; la solicitud voluntaria de tarjetas de empresa para vehículos exentos de tacógrafo; la exigibilidad de tarjetas de tacógrafo, y la protección de datos de carácter personal.

Saber más

La Orden pretende garantizar la seguridad, tanto en la expedición de las tarjetas de tacógrafo digital, incluso en su renovación y sustitución, características y plazos de validez, como en su necesaria operación de transferencia, descarga o volcado de datos de manera que la información registrada se encuentre disponible para la Inspección de Transportes, así como la confidencialidad de estos datos.

Normativa relacionada

RD 125/2017, de 24 de febrero (BOE n.º 48, de 25 de febrero de 2017), sobre requisitos técnicos y normas de actuación que deben cumplir los llamados «centros técnicos de tacógrafos» (entidades autorizadas para ejecución material de las intervenciones técnicas a realizar sobre los tacógrafos). Su disposición final primera modifica la Orden FOM/1190/2005.

Referencia legal

 BOE n.º 105, de 3 de mayo de 2005 (págs. 15120 y ss.).

Representación de las empresas de transporte por carretera ante la Administración

Orden FOM/1353/2005, de 9 de mayo

Regula el Comité Nacional del Transporte por Carretera.

Contenido

El Comité Nacional del Transporte por Carretera consta de dos grandes departamentos: viajeros y mercancías, cada uno de ellos a su vez dividido en secciones (por especialidades). Sobre esta base, la Orden regula las siguientes materias: estructura del departamento de transporte de mercancías (art. 2); representación de las asociaciones, con las reglas para calcular su número de votos, según respectivo número de empresas afiliadas, de autorizaciones de transporte con que estas cuentan, etc. (art. 3); acreditación de su representatividad por las asociaciones (art. 4); revisión de esa representatividad (art. 5); adopción de acuerdos que afecten a más de una sección de un mismo departamento del Comité, como el número de votos de cada sección y, dentro de ella, el cálculo del que corresponde de cada asociación (art. 6).

Saber más

El Comité Nacional del Transporte por Carretera es el órgano de colaboración del sector transportista con la Administración, formado por las asociaciones de empresas transportistas de carretera y actividades auxiliares y complementarias. Existe otro órgano, llamado Consejo Nacional de Transportes Terrestres, de representación mucho más amplia, al incluir ferrocarriles, centrales sindicales y usuarios del transporte, entre otros colectivos.

Normativa relacionada

- Ley 16/1987, de 30 de julio, de Ordenación de los Transportes Terrestres (LOTT), especialmente sus arts. 57-59.
- Reglamento de esta Ley, aprobado por Real Decreto 1211/1990, de 28 de septiembre (ROTT), especialmente sus arts. 45 y 54-60.

Referencia legal

BOE n.º 117, de 17 de mayo de 2005 (págs. 16484 y ss.).

Transporte nacional de mercancías perecederas: aplicación en España del Acuerdo ATP

Real Decreto 1202/2005, de 10 de octubre

Tiene por finalidad que la regulación contenida en el acuerdo internacional que regula los transportes internacionales de mercancías perecederas y los vehículos especiales utilizados en estos transportes (ATP), aprobado en Ginebra el 1 de septiembre de 1970, sea también de aplicación al transporte nacional dentro de territorio español.

Contenido

El Real Decreto es extremadamente breve, pues consta de solo dos artículos, más tres disposiciones finales. Establece que las reglas del Acuerdo internacional ATP de 1 de septiembre de 1970 serán de aplicación también a los transportes de mercancías perecederas que se realicen como transporte nacional dentro de España, sin perjuicio de lo establecido en las normas sobre seguridad alimentaria y de lo dispuesto en el Real Decreto 237/2000, de 18 de febrero, sobre especificaciones técnicas a cumplir por los vehículos especiales para esta clase de transporte, así como también los acuerdos internacionales bilaterales o multilaterales que, conforme a lo dispuesto en el ATP, sean suscritos por España (art. 1). Además, contiene las definiciones de ATP, de mercancías perecederas, que son las mencionadas en el ATP que deben trasladarse a temperatura dirigida; transporte al que se aplica, y los vehículos (isotermos, refrigerantes, frigoríficos o caloríficos), ajustados a las definiciones y normas del anejo 1 del ATP (art. 2).

Saber más

La aplicación de iguales reglas para todo el transporte por carretera a temperatura dirigida, tanto si su recorrido es internacional como nacional, hace más seguro el comercio de esta clase de mercancías perecederas –con repercusión en la salud humana– y, además, ayuda al desarrollo del mismo. Se aplica tanto al transporte profesional como al transporte privado o por cuenta propia (art. 2, letra c).

Normativa relacionada

- Acuerdo internacional regulador del transporte internacionales de mercancías perecederas y los vehículos especiales utilizados en estos transportes (ATP), de 1 de septiembre de 1970.

- RD 237/2000, de 18 de febrero (BOE n.º 65, de 16 de marzo de 2000, págs. 10799 y ss.; rect. en BOE n.º 180, de 28 de julio de 2000, págs. 27025 y ss.), sobre requisitos de los vehículos para transporte terrestre de alimentos a temperatura controlada.

Referencia legal

BOE n.º 252, de 21 de octubre de 2005, págs. 34391 y ss.

Resolución de 21 de noviembre de 2005

Determina los controles que deben efectuar las autoridades españolas a los transportes de mercancías peligrosas, así como la comunicación entre la Administración del lugar de la infracción y la del país de origen del transportista infractor, que incluye la solicitud de adopción de medidas y la comunicación de resultados, para imponer al infractor la sanción adecuada e intentar evitar la repetición futura de las conductas indebidas.

Contenido

Los órganos competentes para la inspección someterán a control una proporción representativa de los transportes de mercancías peligrosas (art. 19). Los controles serán realizados por personal especializado, utilizando la lista de control que se incluye como anexo I; se entregará al conductor del vehículo, para que este pueda presentarlo cuando se le solicite, un ejemplar de dicha lista que reflejará los controles realizados (art. 2). Si en carretera se observan infracciones que comprometan la seguridad, podrán efectuarse controles preventivos en los locales del transportista (art. 3). Las infracciones graves o reiteradas con un vehículo extranjero de la UE, se comunicarán a sus autoridades, y viceversa (art. 4), así como si se sospecha de infracciones en el extranjero que no puedan detectarse en el control efectuado en España, y viceversa (art. 5). Cada año se remitirá a la Comisión Europea un informe, conforme al modelo que se incluye como anexo III. El anexo II consiste en la lista de infracciones.

Saber más

Puesto que las infracciones listadas en anteriores directivas ya están recogidas en el ordenamiento español, así como las medidas respecto a los vehículos, esta Resolución traspone solo las normas referentes a los procedimientos de control y lo que afecta a la asistencia entre países. Si bien para mayor claridad se ha preferido aprobar una nueva resolución que enmendar las precedentes.

Normativa relacionada

- RD 1566/1999, de 8 de octubre (BOE n.º 251, de 20 de octubre de 1999), sobre los consejeros de seguridad para el transporte de mercancías peligrosas, cuyo art. 7.1,c obliga a estos a emitir un informe anual para su empresa sobre las actividades de la misma en transporte de mercancías peligrosas.
- RD 97/2014, de 14 de febrero (BOE n.º 50, de 27 de febrero de 2014), que regula las operaciones de transporte de mercancías peligrosas por carretera en territorio español.

Referencia legal

BOE n.º 286, de 30 de noviembre de 2005, págs. 39254 y ss.

Regula la instalación, el uso y la comprobación del funcionamiento de dispositivos de limitación de velocidad en los vehículos de transporte por carretera, tanto de viajeros como de mercancías de más de 3,5 toneladas, y establece los requisitos que deben cumplir para ser autorizados, las entidades y talleres encargados de su instalación y comprobación del funcionamiento, así como sus normas de actuación.

Contenido

Tras unas definiciones (art. 2), se refiere a la inclusión de los vehículos de las categorías M2 y M3, N2 y N3 (arts. 3 y 4), las fechas de aplicación [actualmente, todas ya superadas] (art. 5), características de los dispositivos (art. 6), exenciones a su obligatorio uso (art. 7), instalación y comprobación del funcionamiento de los dispositivos y comprobación del funcionamiento, necesidad de que los talleres cuenten con autorización específica para estas operaciones (art. 8), imposibilidad de que socios, directivos y empleados de los talleres participen en actividades de transporte por carretera (art. 9), talleres que pueden ser autorizados (art. 10), requisitos que deben cumplir estos (art. 11), especificidad de la autorización para los dispositivos limitadores de cada fabricante (art. 12), contraseña identificativa y registro de talleres (art. 13), registro de instalaciones y comprobaciones de funcionamiento (art. 14), y régimen sancionador (art. 16). Cuenta con un amplio y detallado anexo.

Saber más

La utilización de dispositivos de limitación de velocidad en los vehículos de más de 3,5 toneladas destinados al transporte, sea de viajeros sea de mercancías, se considera útil, tanto en la mejora de la seguridad vial como en la protección del medio ambiente.

Normativa relacionada

- RD 2028/1986, de 6 de junio (BOE n.º 236, de 2 de octubre de 1986, págs. 33734 y ss.), sobre homologación de tipos de vehículos, remolques, semirremolques y sus partes y piezas.

- RD 563/2017, de 2 de junio (BOE n.º 137 de 9 de junio de 2017, págs. 47765 y ss.), sobre inspección de vehículos comerciales en carretera.

Referencia legal

BOE n.º 289, de 3 de diciembre de 2005, págs. 39855 y ss.

Reglamento (CE) 1/2005, de 22 de diciembre

Este Reglamento comunitario trata sobre la protección de los animales durante su transporte y operaciones conexas.

Contenido

Regula el ámbito (art. 1); definiciones (art. 2); condiciones generales (art. 3); documentos de transporte (art. 4); planificación (art. 5); transportistas (art. 6); inspección previa y aprobación del medio (art. 7); poseedores (art. 8); centros de concentración (art. 9); requisitos para la autorización (art. 10) y, en especial, para los viajes largos (art. 11); limitación de sus solicitudes (art. 12); su expedición (art. 13); controles y documentación (art. 14) y específicamente si es en viaje largo (art. 15); formación del personal y equipamiento (art. 16); cursos y certificados (art. 17); certificado de aprobación del camión (arts. 18-19); inspección (art. 20); controles en salida y fronteras (art. 21); retraso durante el transporte (art. 22); medidas urgentes en caso de incumplimiento (art. 23); asistencia mutua (art. 24); sanciones (art. 25); infracciones y su notificación (art. 26); inspecciones e informes anuales (art. 27); controles *in situ* (art. 28); guías de buenas prácticas (art. 29); modificación de anexos y normas desarrollo (art. 30); asistencia por parte del Comité Permanente de la Cadena Alimentaria y de Sanidad Animal (art. 31); informe (art. 32), y disposiciones finales (arts. 33-37). Contiene también seis anexos.

Saber más

Sus antecedentes son la Directiva 91/628/CEE, de 19 de noviembre de 1991, y el Reglamento (CE) 411/98, de 16 de febrero, hoy derogados.

Se pretende mejorar la protección y el bienestar de los animales durante y después del transporte, prevenir la aparición y la propagación de sus enfermedades infecciosas, así como establecer requisitos más estrictos para evitar su dolor y sufrimiento.

Normativa relacionada

- Ley 8/2003, de 24 de abril (BOE n.º 99, de 25 de abril de 2003, págs. 16006 y ss.).
- Ley 32/2007, de 7 de noviembre (BOE n.º 268, de 8 de noviembre de 2007, págs. 45914 y ss.), para el cuidado de los animales, en su explotación, transporte, experimentación y sacrificio.
- RD 542/2016, de 25 de noviembre (BOE n.º 297, de 9 de diciembre de 2016, págs. 86034 y ss.), de sanidad y protección animal durante el transporte.
- Véase, además, la OM FOM/1882/2012, anexo, 7.11; la Ley 15/2009, art. 50, y el Convenio CMR, arts. 17.4, letra f, y 18.5.

Referencia legal

DOL n.º 3, de 5 de enero de 2005, págs. 1 y ss.; rect. DOL n.º 336, de 20 de diciembre de 2011, pág. 86, y rect. en DOL n.º 226, de 1 de septiembre de 2017, pág. 31.

Establece las condiciones básicas que deben cumplir los equipos, las instalaciones y el funcionamiento de los centros de limpieza y desinfección de vehículos dedicados al transporte, por carretera, de animales de producción –incluidas especies cinegéticas y perros–, productos para la alimentación de dichos animales y subproductos de origen animal no destinados al consumo humano.

Contenido

Los centros de limpieza y desinfección de vehículos dedicados a esta clase de transporte deben contar con una autorización específica. Este Real Decreto describe esta autorización (art. 2) y establece los requisitos para su otorgamiento (art. 3); además, se refiere al funcionamiento de estos centros (art. 4); documentación de dichas operaciones (art. 5); comunicación de las autorizaciones a la Dirección General de Ganadería del Ministerio de Agricultura e inscripción en el registro de esta (art. 6); limpieza y desinfección de los vehículos, centro donde se han de realizar según se trate de transporte de animales o sus alimentos, o de subproductos (art. 7), y régimen sancionador (art. 8). Complementan su articulado tres anexos, sobre criterios mínimos que deben reunir equipos e instalaciones de los centros (anexo I), normas para realizar las operaciones de limpieza y desinfección de los vehículos (II) y datos que debe incluir el certificado de realización de tales operaciones (III).

Saber más

La carretera es el modo habitual de transporte del ganado de producción y de sus alimentos, tanto entre CCAA como en el mercado europeo intracomunitario; obvias razones sanitarias exigen, pues, establecer unos requisitos básicos mínimos, para todo el territorio nacional, sobre las condiciones de equipos e instalaciones y funcionamiento de los centros dedicados a la limpieza y desinfección de los camiones.

Normativa relacionada

- Ley 8/2003, de 24 de abril (BOE n.º 99, de 25 de abril de 2003, págs. 16006 y ss.), especialmente su art. 49.

- Reglamento (CE) 1/2005 del Consejo, de 22 de diciembre de 2004 (DOL n.º 3, de 5 de enero de 2005, pág. 1; rect. en DOL n.º 336, de 20 de diciembre de 2011, pág. 86), sobre protección de los animales durante el transporte y operaciones conexas.

- Ley 32/2007, de 7 de noviembre (BOE n.º 268, de 8 de noviembre de 2007, págs. 45914 y ss.), para el cuidado de los animales, en su explotación, transporte, experimentación y sacrificio.

- RD 542/2016, de 25 de noviembre (BOE n.º 297, de 9 diciembre de 2016; págs. 86034 y ss.), de sanidad y protección animal durante el transporte.

- Véanse, además, OM FOM/1882/2012 anexo, 7.11; Ley 15/2009, art. 50, y Convenio CMR, arts. 17.4, letra f, y 18.5.

Referencia legal

BOE n.º 312, de 30 de diciembre de 2005, págs. 43146 y ss.; rect. en BOE n.º 34, de 9 de febrero de 2006, pág. 4942.

Tiempos de conducción en el transporte por carretera: armonización

Reglamento (CEE) 561/2006, de 15 de marzo

Armoniza las disposiciones en materia social en el sector de los transportes por carretera (tiempos máximos de conducción y mínimos de descanso), tanto de viajeros como de mercancías. También tiene como objetivo mejorar las prácticas de control y de aplicación en los estados miembros de la UE, así como mejorar las pautas laborales en el sector del transporte por carretera.

Contenido

Este Reglamento comunitario define los fines y objetivos (art. 1); su ámbito de aplicación (art. 2); exenciones (art. 3); definiciones (art. 4); edad mínima de conductores y ayudantes (art. 5); tiempo máximo de conducción (art. 6); interrupciones (art. 7); tiempos mínimos de descanso (art. 8); conductores de vehículos en tren o buque *ferry* (art. 9); responsabilidad de las empresas, prohibición de remunerar según distancia recorrida o volumen transportado (art. 10); excepciones – como la posible fijación de otros mínimos o máximos (art. 11), para llegar a parada por razones de seguridad (art. 12), respecto a ciertos vehículos (art. 13), en circunstancias excepcionales (art. 14) y normativa nacional para ambulancias (art. 15)–; control y sanciones, registros de servicio (art. 16); informe a Comisión cada dos años (art. 17); normativa para ejecución de este Reglamento (art. 18); cada país fijará el régimen de sanciones (art. 19); conservación de pruebas sobre sanciones (art. 20); inmovilización del vehículo y otras medidas (art. 21); mutua asistencia entre países (art. 22); negociaciones con terceros países (art. 23); Comité para asistir a la Comisión (art. 24), y examen de casos específicos y aclaraciones (art. 25).

Saber más

Parece incuestionable la necesidad de poner algún límite a los periodos de circulación, pues un conductor excesivamente fatigado supone un peligro de accidente, con riesgo para su vida y la de otros usuarios de la carretera. Esto ya lo hizo la Unión Europea con el Reglamento 3820/1985, al cual el presente y vigente Reglamento 561/2006 ha sustituido.

Normativa relacionada

El presente Reglamento 561/2006 ha sido modificado por el Reglamento (CE) 1073/2009, de 21 de octubre de 2009, y por el art. 45 del Reglamento (CEE) 165/2014, de 4 de febrero de 2014, del Parlamento y del Consejo, sobre el aparato de control en el sector de los transportes por carretera.

Referencia legal

DOL n.º 102, de 11 de abril de 2006, págs. 1 y ss.; rect. en DOL n.º 101, de 18 de abril de 2015, págs. 62 y ss.).

Fija el contenido mínimo del informe anual para el transporte de mercancías peligrosas por carretera, ferrocarril o vía navegable.

Contenido

Se trata de un texto breve, únicamente con dos apartados. En el primero, se aprueba el contenido mínimo del informe anual sobre el transporte de mercancías peligrosas por carretera, por ferrocarril o por vía navegable. Con el fin de facilitar a las empresas el envío de la documentación relativa al informe anual, las direcciones generales de Transportes por Carretera y de Ferrocarriles, facilitarán, a través de la web del Ministerio de Fomento (www.fomento.es) el modelo informático para la realización y remisión del citado informe por este sistema. En el segundo apartado se detalla que los informes anuales serán redactados por los consejeros de seguridad. Las empresas bajo la responsabilidad de las cuales se efectúen las operaciones de transporte, carga o descarga, independientemente de quién realice físicamente tales maniobras, remitirán dichos informes a las autoridades competentes.

El modelo de dicho informe se incluye como anexo I de esta Orden. El anexo II recoge las instrucciones para cumplimentarlo.

Saber más

Dado que el art. 7.1, letra c, del RD 1566/1999, de 8 de octubre, facultó al Ministerio de Fomento para determinar el contenido mínimo del informe anual a redactar por los consejeros de seguridad, esto se hizo por OM de 11 de enero de 2001. Después, la experiencia en la aplicación de esa Orden aconsejó modificar algunos apartados del modelo que se incluía como anexo, así como las instrucciones para su cumplimentación. Es lo que hace la presente, que sustituye a aquella, derogándola expresamente.

Normativa relacionada

- RD 1566/1999, de 8 de octubre (BOE n.º 251, de 20 de octubre de 1999), sobre los consejeros de seguridad para el transporte de mercancías peligrosas, cuyo art. 7.1, letra c, les obliga a emitir un informe anual para su empresa sobre las actividades de la misma en transporte de mercancías peligrosas.
- RD 97/2014, de 14 de febrero (BOE n.º 50, de 27 de febrero de 2014), que regula las operaciones de transporte de mercancías peligrosas por carretera en territorio español.

Referencia legal

BOE n.º 230, de 26 de septiembre de 2006 (págs. 33640 y ss.).

Transporte por carretera de mercancías perecederas: termómetros y termógrafos

Orden ITC/3701/2006, de 22 de noviembre

Regula el control metrológico por parte del Estado de los aparatos registradores de temperatura (termógrafos) y termómetros, así como de los sensores disociables de los mismos, que se instalen o utilicen en transporte, almacenamiento, distribución y control de productos a temperatura controlada, en cumplimiento de disposiciones reglamentarias.

Contenido

Se refiere, respecto a estos termógrafos y termómetros, a sus fases de control metrológico (art. 2); la comercialización y puesta en servicio, y para ello se indican los requisitos esenciales metrológicos y técnicos (art. 3) y los módulos para la evaluación de la conformidad (art. 4); la verificación de características metrológicas y buen funcionamiento tras su reparación o modificación que haya requerido rotura de precintos: definición (art. 5), actuación de los reparadores (art. 6), sujetos obligados y solicitudes (art. 7), ensayos y ejecución (art. 8), errores máximos permitidos (art. 9), conformidad (art. 10) y no superación de la verificación (art. 11); así como la verificación periódica de características metrológicas y buen funcionamiento de estos instrumentos desde su última verificación, en especial en lo que se refiere a errores máximos permitidos (arts. 12-17). Se complementa con tres anexos sobre los ensayos para la evaluación de la conformidad, una muestra para la solicitud de verificación y las normas técnicas aplicables, con los errores máximos permitidos.

Saber más

El control, por la Administración, de la exactitud de los instrumentos de medida, viene impuesto en defensa de la seguridad, de la salud y de los intereses de los consumidores y usuarios. La mayor parte del transporte a temperatura controlada es de alimentos, aunque no todo (también por ejemplo, flor cortada, ciertos aparatos electrónicos, vacunas, etc.). La mayor parte de este transporte es frigorífico, aunque no todo, pues también lo hay calorífico (por ejemplo, asfalto, etc.).

Normativa relacionada

- Ley 32/2014, de 22 de diciembre (BOE n.º 309, de 23 de diciembre de 2014, págs. 104386 y ss.) de metrología.

- Su Reglamento aprobado por RD 244/2016, de 3 de junio (BOE n.º 137, de 7 de junio de 2016, págs. 37689 y ss.).

- RD 380/1993, de 12 de marzo, sobre alimentos ultracongelados para la alimentación humana.

- RD 237/2000, de 18 de febrero, sobre vehículos para transporte de productos alimentarios a temperatura regulada.

- Reglamento (CE) 37/2005, de 12 de enero, sobre control de temperatura en los medios de transporte.

Referencia legal

BOE n.º 291, de 6 de diciembre de 2006 (págs. 42884 y ss.).

Establece el régimen jurídico de la previa obtención obligatoria y del uso de las autorizaciones de transporte de mercancías por carretera, ya sean estos transportes por cuenta ajena (públicos) o por cuenta propia (privados complementarios).

Contenido

Tras fijar la obligatoriedad de las autorizaciones salvo en los casos listados –para transporte público, en vehículos de hasta 2 toneladas de masa máxima autorizada (MMA), inclusive (art. 3), trata sobre la documentación de estas, es decir la «tarjeta», con una «copia certificada» por vehículo, para llevar en el mismo (art. 4); los requisitos de esos vehículos –tracción propia, etc. (art. 5)–, el ámbito, que es todo el territorio nacional (art. 6); la competencia para su otorgamiento (art. 7); la vigencia –indefinida, sin perjuicio de su visado periódico (art. 8 y 24)–; para transporte público: domicilio (art. 9), requisitos de sus titulares (art. 10), cuyo modo de acreditación concreta en los preceptos siguientes: personalidad y nacionalidad (art. 11), capacitación profesional (art. 12), honorabilidad (art. 13), capacidad económica (art. 14), obligaciones fiscales (art. 15), obligaciones laborales y de Seguridad Social (art. 16), y disposición de vehículos –mínimo, tres con capacidad de carga de 60 toneladas en total (arts. 17-19); la transmisión de estas autorizaciones (arts. 26-27), etc. También regula las de transporte por cuenta propia –privado complementario– (arts. 29-35).

Saber más

Esta Orden, que sustituye a otra de 1999, responde a la modificación del ROTT por RD 1225/2006, de 27 de octubre, habiendo sido a su vez después modificada por Orden 2185/2008, de 23 de julio, y por Orden FOM/1996/2014, de 24 de octubre. Pretende modernizar este sector y flexibilizar las condiciones bajo las que opera, aproximando los requisitos exigibles para cualquier actividad y ámbito de actuación.

Normativa relacionada

- Ley 16/1987, de 30 de julio, de Ordenación de los Transportes Terrestres (LOTT), especialmente sus arts. 22, 42-49, 51-52, 56, 91 y 98.
- Reglamento de dicha Ley, aprobado por Real Decreto 1211/1990, de 28 de septiembre (ROTT), especialmente sus arts. 38, 43, 109-120, 156 y 174-179.
- Resolución de 19 de septiembre de 1995, de la Dirección General del Transporte Terrestre.
- Orden FOM/3528/2011, de 15 de diciembre.

Referencia legal

BOE n.º 75, de 28 de marzo de 2007 (págs. 13405 y ss.).

Norma básica de autoprotección para centros dedicados a actividades que pueden generar situaciones de emergencia. Estas actividades son de todo orden, y desde luego también el uso de materias peligrosas y su desplazamiento. La Ley 2/1985, de 21 de enero, impone la obligación para los titulares de los centros, establecimientos y dependencias o medios análogos donde se realicen dichas actividades, de disponer de un sistema de autoprotección. Pues bien, esta norma de autoprotección es la que establece el presente Real Decreto.

Contenido

Se define y desarrolla la norma básica de autoprotección que establece los mecanismos de control por las administraciones públicas. Contempla las obligaciones de autoprotección, respetando la normativa sectorial de las actividades que ya cuentan con un tratamiento singular. Obliga a elaborar, implantar y mantener operativos planes de autoprotección, cuyo contenido mínimo determina. Así, incide no solo en la actuación ante dichas situaciones, sino también y con carácter previo, en el análisis y evaluación de los riesgos, la adopción de medidas preventivas y de control de los riesgos, y la integración de las actuaciones en los Planes de Emergencia de Protección Civil.

Contiene cuatro anexos que informan las «áreas de estacionamiento para transporte de mercancías peligrosas por carretera y por ferrocarril» (anexo I, apdo. 2, letra b; el contenido mínimo del plan de autoprotección (II); definiciones (III), y el contenido mínimo del registro de establecimientos regulados por la norma básica (IV).

Saber más

El ámbito de protección de este Real Decreto trasciende el de la Ley 31/1995, referida a riesgos estrictamente laborales, por tanto solo para los trabajadores de un establecimiento.

Hay otros muchos riesgos, derivados del desarrollo de ciertas actividades que, por diferentes razones, pueden afectar a un conjunto, a veces muy extenso, de otras personas.

Normativa relacionada

- Ley 2/1985, de 21 de enero (BOE n.º 22, de 25 de enero de 1985, págs. 2092 y ss.), sobre Protección Civil, especialmente, sus arts. 5 y 6-, que mediante este Real Decreto es parcialmente desarrollada.
- Ley 31/1995, de 8 de noviembre (BOE n.º 269, de 10 de noviembre de 1995, págs. 32590 y ss.), de Prevención de Riesgos Laborales.
- RD 2267/2004, de 3 de diciembre (BOE n.º 303, de 17 de diciembre de 2004; págs. 41194 y ss.; rect. en BOE n.º 55, de 5 de marzo de 2005, págs. 7906 y ss.).

Referencia legal

BOE n.º 72, de 24 de marzo de 2007 (págs. 12841 y ss.).

Resolución 19 de abril de 2007

Establece los controles mínimos sobre las jornadas de trabajo de los conductores en el transporte por carretera. Como toda norma sobre tiempos de conducción, busca tanto la mejora de la seguridad vial, como la armonización de las condiciones de trabajo, esta a su vez necesaria para un mercado común del transporte por carretera basado en una competencia no distorsionada. En concreto, pretende que los controles en carretera se efectúen con eficacia y con el menor retraso para los conductores. Y, en relación con todo ello, impulsa un mayor intercambio de información entre países de la UE, la coordinación de las actuaciones inspectoras y la formación conjunta de los controladores.

Contenido

Se define la implantación de sistemas de control (regulares, en porcentaje progresivo del total de jornadas de trabajo); controles en carretera (en lugares distintos y en cualquier momento; sin discriminación –por país de matrícula del vehículo, nacionalidad de la empresa o del conductor, etc.–); controles en carretera concertados –simultáneos (con otros países de la UE, seis veces al año)–; controles en los locales de las empresas (según planes anuales, y en las empresas infractoras); estadísticas (sobre controles realizados); informe a la CE (envío de esas estadísticas, cada dos años); comunicación de infracciones (cada seis meses, al país de nacionalidad del infractor); clasificación de las empresas según su nivel de infracción (las más infractoras serán más inspeccionadas), y programas de formación (conjuntos con otros países de la UE).

La Resolución incluye tres anexos sobre datos a controlar, tanto en ruta como en los locales (anexo I); equipo de que deberán ir dotadas las unidades de control (II), y cuadros-escala de infracciones al Reglamento CEE 561/2006 y al CEE 3821/85, según su gravedad (III).

Saber más

Esta Resolución es aplicable a la inspección sobre todas las empresas que realizan transporte por carretera, de viajeros o de mercancías, internacional o nacional, por cuenta propia o por cuenta ajena, independientemente del número de vehículos de que disponga, y de si estos usan tacógrafo analógico o digital. Modificada en sus anexos por Resolución de 5 de junio de 2009 (BOE n.º 153, de 25 de junio de 2009, págs. 52911 y ss.).

Normativa relacionada

Esta Resolución traspone al ordenamiento jurídico español la Directiva 2006/22/CE, de 15 de marzo de 2006 (DOL n.º 102, de 11 de abril de 2006, págs. 35 y ss.), sobre condiciones mínimas para la aplicación del Reglamento (CEE) 3820/85, sustituido por el Reglamento (CE) 561/06 (DOL n.º 102, de 11 de abril de 2006, págs. 1 y ss.; rect. en DOL n.º 101, de 18 de abril de 2015, págs. 62 y ss.), y del Reglamento (CEE) 3821/85 (DOL n.º 370, de 31 de diciembre de 1985, págs. 8 y ss.).

Referencia legal

BOE n.º 104, de 1 de mayo de 2007, págs. 18744 y ss.

Tiempos de conducción y descanso: excepciones a las normas generales

Real Decreto 640/2007, de 18 de mayo

Se determinan las excepciones a la aplicación de las normas sobre tiempos de conducción y descanso y sobre uso del tacógrafo en determinados servicios de transporte por carretera.

Contenido

Resumidamente, esas excepciones son los transportes siguientes (art. 2): a) oficiales; b) postales; c) alcantarillado, agua, gas y electricidad, carreteras, teléfonos y telégrafos, radio y TV; d) residuos urbanos en cierto radio (e.c.r.); e) privados agrícolas, hortícolas, forestales, ganaderos o pesqueros (e.c.r.); f) privados con tractores agrícolas (e.c.r.); g) de leche en granjas (e.c.r.); h) animales vivos entre granjas, mercados y mataderos (e.c.r.); i) privados de circo y atracciones de feria; j) de exposiciones móviles con fines educativos; k) fondos u objetos de valor; l) para obtener el permiso de conducir o el certificado de aptitud profesional (CAP); m) de mercancías con vehículos eléctricos o de gas, con MMA hasta 7,5 t. (e.c.r.); n) privados para traslado del material, equipo o maquinaria utilizado por el conductor, con masa máxima autorizada (MMA) hasta 7,5 toneladas (e.c.r.); o) en recintos cerrados como puertos, aeropuertos y estaciones de ferrocarril; p) en islas de superficie hasta 250 km^2. Estas excepciones incluyen los recorridos en vacío.

Saber más

Las excepciones de este Real Decreto, así como las del art. 3 del Reglamento (CE) 561/2006, no afectan al uso de tacógrafo en vehículos obligados a usar limitador de velocidad según el RD 1417/2005, de 25 de noviembre.

Las islas españolas de superficie comprendida en el tramo a que se refiere este RD 1082/2014 son en el archipiélago balear: Formentera (83,24 km^2), Cabrera (15,69 km^2) y Conejera (1,1 km^2).

Normativa relacionada

Reglamento (CE) 561/2006, de 15 de marzo, para armonización de normas sobre tiempos de conducción y descanso en el transporte por carretera, que permite a cada país establecer excepciones a la obligatoriedad de sus normas respecto a algunos servicios (art. 13.1, letra e). Lo cual hizo el RD 1082/2014, de 19 de diciembre, para islas de más de 250 km^2 y hasta 2.300 km^2.

Referencia legal

BOE n.º 126, de 26 de mayo de 2007, págs. 22889 y ss.

Establece los derechos y obligaciones de los trabajadores autónomos o por cuenta propia (frente a los empleados o por cuenta ajena), una situación de microempresa que abunda en España más que en otros países europeos, en el ámbito del transporte por carretera. Además, muchos de ellos están vinculados a una empresa que, como cliente único o casi único, les proporciona los encargos, situación que también viene contemplada específicamente en este Estatuto.

Contenido

A efectos del transporte por carretera, interesan en especial sus arts. 11-18, que regulan la figura del trabajador autónomo «económicamente dependiente», a quien, apartándose de la tradicional regulación única en el derecho privado, este Estatuto viene a otorgar una naturaleza jurídica *semilaboral*. En concreto, se trata del supuesto en que, al menos, el 75 % de los ingresos del trabajador autónomo provenga de un solo empresario que es su único o principal cliente, pese a que presida las relaciones entre ellos el principio de autonomía de la voluntad y a que la actividad se ejecute fuera del ámbito de organización y dirección de dicho cliente (art. 11). Así, se fija la presunción de carácter indefinido del contrato (art. 12.4), el reconocimiento de los acuerdos de interés profesional que pueden ser pactados con asociaciones o sindicatos de autónomos (art. 13), un periodo de interrupción anual (art. 14), una lista cerrada de causas de extinción contractual (art. 15) y el recurso a la jurisdicción social (art. 17), entre otros aspectos.

Saber más

Hay que tener en cuenta que son autónomos la mayoría de transportistas efectivos, a quienes confían servicios otras empresas transportistas encargadas de comercializarlos, como intermediario («operadores de transporte» como agencias de transporte, transitarios, etc.) o en régimen de colaboración entre transportistas. Aunque muchos de estos «autónomos» –valga la aparente contradicción en el lenguaje– son en realidad, por ese mismo motivo, «dependientes» de otra empresa.

Normativa relacionada

- Constitución Española, arts. 35.1, 38, 40.2 y 41.
- Ley General de la Seguridad Social; texto ref.: RD Legislativo 1/1994, de 20 de junio (BOE n.º 154, de 29 de junio de 1994, pág. 20658).
- Decreto 2530/1970, de 20 de agosto (BOE n.º 221, de 15 de septiembre de 1970, págs. 15148 y ss.; rect. en BOE n.º 234, de 30 de septiembre, pág. 16104), que regula el Régimen Especial de Trabajadores Autónomos (RETA) de la Seguridad Social.
- Directiva 86/613/CEE, de 11 de diciembre de 1986 (DOL n.º 359, de 19 de diciembre de 1986, págs. 56 y ss.).
- Estatuto de los Trabajadores, cuyo texto refundido vigente (ha habido anteriores de 1980 y 1995) fue aprobado por el RD Legislativo 2/2015, de 23 de octubre (BOE n.º 255, de 24 de octubre de 2015).

Referencia legal

 BOE n.º 166, de 12 de julio de 2007, págs. 29964 y ss.; rect. en BOE n.º 230, de 25 de septiembre de 2007, págs. 38774 y ss.

Certificado de aptitud profesional para la conducción de vehículos industriales de transporte

Real Decreto 1032/2007, de 20 de julio

Regula la cualificación inicial y la formación continua de los conductores profesionales de determinados vehículos destinados al transporte por carretera, de viajeros y de mercancías.

Contenido

Se detalla la finalidad del certificado de aptitud profesional (CAP), plazo de validez indeterminado y los órganos competentes para su expedición (art. 3); modalidades de obtención del certificado de cualificación inicial (art. 4), ordinaria (art. 5) y acelerada (art. 6); formación continua (art. 7); centros de formación: su autorización (art. 8) y otorgamiento (art. 9); constatación periódica de los requisitos del centro (art. 10); cursos de formación: su homologación (art. 11), su mecánica (art. 12) y lugares en que se impartirán (art. 13); exámenes para la obtención del CAP de la cualificación inicial (art. 14); su convocatoria (art. 15) y derecho a concurrir a ellos (art. 16); expedición del certificado de cualificación inicial (art. 17); tarjeta acreditativa de la vigencia del CAP del conductor (art. 18), así como las responsabilidades de los centros (art. 19). Incluye seis anexos: programa de materias de cualificación inicial y continua (anexo I), requisitos de los centros (II), homologación de cursos (III), mecánica y contenido de los cursos (IV), exámenes de cualificación inicial (V) y tarjeta de cualificación del conductor (VI).

Saber más

El CAP es necesario para conducir por vías públicas españolas vehículos de empresas transportistas establecidas en cualquier país de la UE, cuando sea obligatorio poseer permisos de conducción de las categorías C1, C1+E, C, C+E, D1, D1+E, D o D+E, definidas en el Reglamento General de Conductores.

Este Real Decreto traspone al ordenamiento jurídico español la Directiva 2003/59/CE, de 15 de julio de 2003.

Normativa relacionada

- RD 555/2012, de 23 de marzo. Orden ECD/75/2013, de 23 de enero.
- Orden PRE/1664/2008, de 13 de junio, que publica el Acuerdo de Consejo de Ministros por el que se toma conocimiento de los Acuerdos de 11 de junio de 2008, de la Administración General del Estado con el Departamento de Transporte de Mercancías del Comité Nacional del Transporte por Carretera.

Referencia legal

BOE n.º 184, de 2 de agosto de 2007 (págs. 33294 y ss.).

Transporte de animales vivos: cuidado animal

Ley 32/2007, de 7 de noviembre, para el cuidado de los animales, en su explotación, transporte, experimentación y sacrificio

Esta ley abarca un ámbito mucho más amplio que el transporte de los animales vivos: regula todas las fases de su cría comercial, desde su explotación hasta su sacrificio, y, por tanto, también su transporte intermedio, entre diversos puntos de origen y destino.

Contenido

El art. 5 de esta ley se refiere al transporte de animales. Las administraciones públicas deben velar para que sean transportados solo animales que estén en condiciones de viajar, que no se les causen lesiones o sufrimiento innecesario, que el viaje sea lo más breve posible y que durante el mismo reciban atención a sus necesidades. Evitar posibles daños y dolor, así como la garantía de su seguridad, se ha de tener en cuenta al diseñar, construir, mantener y utilizar los medios de transporte y las instalaciones de carga y descarga. Asimismo, el personal que manipule los animales, debe haber recibido una formación adecuada y actuar sin violencia.

El art. 8 trata sobre la obligatoria autorización a los transportistas y sobre la también obligatoria inscripción, en los registros administrativos, de estos y de sus vehículos, contenedores y demás medios de transporte.

En fin, la ley regula las inspecciones, infracciones y sus sanciones. Entre las infracciones graves, está la falta de dicha autorización administrativa o inscripción registral (art. 14.2, letra c).

Saber más

Este Real Decreto se refiere a los animales de producción. Quedan excluidos de su ámbito la caza y la pesca, la fauna silvestre, los espectáculos taurinos, las competiciones deportivas regladas y los animales de compañía, excepto lo establecido en la disposición adicional primera, ya que poseen su propia normativa reguladora.

Normativa relacionada

- Reglamento (CE) 1/2005 del Consejo, de 22 de diciembre de 2004 (DOL n.º 3, de 5 de enero de 2005, pág. 1; rect. en DOL n.º 336, de 20 de diciembre de 2011, pág. 86), sobre protección de los animales durante el transporte y operaciones conexas; especialmente su art. 25.

- RD 1559/2005, de 23 de diciembre (BOE n.º 312, de 30 de diciembre de 2005, págs. 43146 y ss.; rect. en BOE n.º 34, de 9 de febrero de 2006, pág. 4942), sobre centros de limpieza y desinfección de los vehículos dedicados al transporte por carretera de ganado.

- RD 542/2016, de 25 de noviembre (BOE n.º 297, de 9 de diciembre de 2016; págs. 86034 y ss.), de sanidad y protección animal durante el transporte. Desarrolla parcialmente la Ley 8/2003, de 24 de abril, de Sanidad Animal (BOE n.º 99, de 25 de abril de 2003, págs. 16006 y ss.).

- Véanse, además, la OM FOM/1882/2012 anexo, 7.11; la Ley 15/2009, art. 50, y el Convenio CMR, en especial los arts. 17.4, letra f, y 18.5.

Referencia legal

BOE n.º 268, de 8 noviembre 2007 (págs. 45914 y ss.).

Reglas para la práctica en España del cabotaje en transporte de mercancías por carretera

Orden FOM/2181/2008, de 22 de julio

El transporte de «cabotaje» es decir, transporte nacional realizado en España por transportistas de otros países comunitarios, se define por su temporalidad, ya que se trata de una excepción a la obligatoria titularidad de una autorización de transporte emitida por las autoridades españolas, con todas sus obligaciones inherentes. Esta Orden, por tanto, fija las limitaciones y los requisitos a cumplir en la práctica en España de esta modalidad de servicio.

Contenido

Consta de solo dos artículos. En el primero se concreta el requisito de la temporalidad, en sentido de que el cabotaje se permite únicamente como continuación de un transporte internacional, y con un máximo de tres operaciones de transporte nacionales, a realizar en el plazo máximo de los siete días siguientes al final de dicha operación internacional.

El segundo prevé que, a efectos de control, deberá llevarse a bordo del vehículo: a) la carta de porte u otra documentación mediante la cual se acredite la efectiva realización del transporte internacional precedente al de cabotaje –deberá también acreditarse la fecha de descarga de la mercancía con que finalizó aquel–; b) las cartas de porte o documentos de control correspondientes a cada operación de cabotaje realizada en España, en los que deberán figurar sus fechas de inicio y terminación. Las autoridades comprobarán que los datos anteriores coinciden con los que resulten de la lectura del tacógrafo y, en su caso, sus discos-diagrama.

Saber más

Realizar por un transportista extranjero comunitario actividades de transporte que superen los límites señalados en la presente Orden será constitutivo de la infracción muy grave tipificada en el art. 140.13 de la LOTT y así sancionado. El art. 107 de la propia LOTT considera el cabotaje la única posibilidad de realizar en España transporte nacional utilizando vehículos no matriculados en este país.

Normativa relacionada

- Esta Orden de 2008 se anticipó a lo que poco después, en iguales términos, establecería en su art. 8 el Reglamento (CEE) 1072/2009 de 21 de octubre, que dicta normas comunes de acceso al mercado del transporte internacional de mercancías por carretera. Y que, en su art. 9, contiene la importante regla de sujeción del transportista extranjero a la normativa del país donde practique el cabotaje.
- Véase también el art. 107 de la Ley 16/1987, de 30 de julio, de Ordenación de los Transportes Terrestres (LOTT).

Referencia legal

BOE n.º 179, de 25 de julio de 2008 (págs. 32339 y ss.).

Reglamento del seguro obligatorio de responsabilidad civil en la circulación de vehículos a motor.

Contenido

Define, entre otros, los conceptos de vehículo a motor (art. 1) y de hecho de la circulación (art. 2); prevé compensación en la aplicación de los importes de la cobertura del seguro obligatorio fijados en el Real Decreto Legislativo 8/2004 (art. 10), con la consiguiente posibilidad de superación del sistema de aseguramiento dual, obligatorio y voluntario de responsabilidad civil, existente hasta ese momento; sistematiza la documentación relativa al seguro, incluida la que sirve para acreditar su vigencia (arts. 11-15); concreta ciertos aspectos de la oferta motivada de indemnización (art. 16) y de la respuesta motivada a emitir por las aseguradoras (art. 18), y otros aspectos referidos al pago de la indemnización; recoge la regulación de la Oficina Española de Aseguradores de Automóviles (Ofesauto) (art. 21 y 22) y establece, actualizado, el régimen del Fichero Informativo de Vehículos Asegurados, para identificar la aseguradora que cubre la responsabilidad civil de cada vehículo implicado en un accidente y controlar la obligación de asegurarse (arts. 23-28).

Saber más

Cuando los dos vehículos intervinientes en un accidente fueran una cabeza tractora y su semirremolque, o dos remolques o semirremolques, y no pudiera determinarse la entidad de las culpas concurrentes, cada asegurador indemnizará conforme a los acuerdos entre aseguradoras o, en su defecto, en proporción a la cuantía de la prima anual de riesgo que corresponda a cada vehículo (art. 19).

Normativa relacionada

- Ley sobre responsabilidad civil y seguro en la circulación, texto ref. por RD Legislativo 8/2004, de 29 de octubre (BOE n.º 267, de 5 de noviembre, págs. 36602 y ss.; rect. en BOE n.º 28, de 2 de febrero de 2005, pág. 3636; y en BOE n.º 4, de 16 de febrero de 2005, supl., pág. 596).

- Ley 50/1980, de 8 de octubre, sobre el contrato de seguro, art. 75: el Gobierno puede imponer como obligatorio el seguro de responsabilidad civil para las actividades que considere oportuno.

Referencia legal

BOE n.º 222, de 13 de septiembre de 2008 (págs. 37487 y ss.).

La Administración pretende fomentar la formación de profesionales en el ámbito del transporte público por carretera, tanto de transportistas como de trabajadores al servicio de las empresas de transporte, mediante la docencia especializada. Para ello, contribuye con fondos públicos, de acuerdo con los créditos presupuestarios consignados al efecto, a la realización de cursos, jornadas o seminarios a organizar e impartir por entidades públicas o privadas, sobre esta materia.

Contenido

La Orden establece los requisitos para acceder a estas subvenciones (art. 4) que, en síntesis, son:

a) En general, asociaciones profesionales de transportistas o de empresas de actividades auxiliares y complementarias del transporte definidas en el art. 1 de la LOTT, con implantación, al menos, en tres CCAA y, en los mismos términos, a asociaciones profesionales de trabajadores de estos sectores.

b) El coste y duración de los cursos se ajustarán a los cursos tipo elaborados por la Dirección General de Transportes por Carretera, que se publicarán en la página web del Ministerio de Fomento.

También se regulan las solicitudes (art. 5), el procedimiento (art. 6), los criterios de valoración y ponderación de estos (art. 7), la cuantía máxima e individualizada (art. 8), el otorgamiento (art. 9), los requisitos para el pago (art. 10), las obligaciones de los beneficiarios (art. 11), la subcontratación (art. 12), la compatibilidad de las ayudas (art. 13) y las consecuencias del incumplimiento (art. 14).

Saber más

Ha sido modificada varias veces: la más reciente, por Orden FOM/64/2017, de 30 de enero (BOE n.º 28, de 2 de febrero de 2017). Se permite subcontratar la formación, pero bajo algunos supuestos: cuando esta exceda del 20 % de lo subvencionado y 60.000 €, estará sometida a varios requisitos; y cuando el gasto subvencionable supere ciertas cuantías, el beneficiario deberá pedir al menos tres ofertas de proveedores, antes de contratar el curso.

Normativa relacionada

Las subvenciones reguladas en esta Orden se regirán, en lo no previsto en ella, por lo dispuesto con carácter general para las ayudas y subvenciones públicas en la Ley 38/2003, de 17 de noviembre, General de Subvenciones y en su Reglamento, aprobado por el Real Decreto 887/2006, de 21 de julio.

Referencia legal

BOE n.º 298, de 11 de diciembre de 2008 (págs. 49736 y ss.).

Sanciones en materia de transporte por carretera: caución a favor de infractores extranjeros

Orden FOM/287/2009, de 9 de febrero

Regula la prestación de caución a favor de empresas transportistas extranjeras que cometan infracciones de transporte en España, para garantizar el cobro por la Administración española del importe de las correspondientes sanciones. Una vez aceptada la caución, se permitirá que el vehículo infractor continúe viaje, y se adjuntará copia del documento de aceptación al boletín de denuncia que se remita al órgano competente para incoar el procedimiento sancionador.

Contenido

Si el transportista extranjero denunciado no efectúa depósito del importe de la multa en el momento de la denuncia, deberá señalar a alguien que constituya caución suficiente. Por ello, esta Orden regula las características generales de la garantía prestada mediante dicha caución, así como los requisitos a cumplir por quienes deseen constituirse como fiadores autorizados y pretendan solicitar su inscripción en el Registro General de Transportistas y de Empresas de Actividades Auxiliares y Complementarias del Transporte (Retim). Su modificación de 2011 sustituye el mecanismo de garantía de pago exigido a los fiadores (suscripción de un seguro de caución que cubriese el posible incumplimiento de sus obligaciones de pago como fiador, hasta un mínimo de 300.000 €) por un sistema en el que los fiadores garanticen su pago por medio de la constitución de una garantía ante la Caja General de Depósitos, ya sea en efectivo, valores, avales o seguros de caución o cualquier otra admitida por la reglamentación vigente que regula esta institución.

Saber más

La garantía deberá permanecer en la Caja General de Depósitos durante todo el tiempo que la persona figure como fiador. Si por incautaciones parciales su importe fuera inferior a 300.000 €, el fiador estará obligado a reponer dicha garantía hasta cubrir ese importe.

La Orden FOM/3527/2011 incluye una solicitud de inscripción en el Retim (anexo I) y un modelo de aval (anexo II), que sustituyen a los de la Orden FOM/287/2009 aquí descrita.

Normativa relacionada

El artículo 216 del ROTT estableció en su letra g) la posibilidad de que el denunciado extranjero que no depositase el importe de la multa señalase quien constituyese caución: esto es lo que regula la Orden FOM/287/2009, después modificada por la Orden FOM/3527/2011, de 21 de noviembre en sentido de obligar a los fiadores a garantizar su pago formalizando una garantía ante la Caja General de Depósitos.

Referencia legal

 BOE n.º 41, de 17 de febrero de 2009 (págs. 16862 y ss.).

 Para la modificación: BOE n.º 312, de 28 de diciembre de 2011 (págs. 143216 y ss.).

Reglamento General de Conductores

Real Decreto 818/2009, de 8 de mayo

Unifica y armoniza la mayor parte de la normativa sobre conductores de vehículos de carretera y los procedimientos administrativos referentes a autorizaciones y permisos de conducir dichos vehículos: pruebas a superar y requisitos a cumplir para su obtención, renovación, reconocimiento recíproco entre países, y clases según los vehículos a cuya utilización van destinados, entre otras medidas.

Contenido

En forma muy resumida, establece las condiciones para otorgamiento, validez y prórroga de autorizaciones, y causas de su no vigencia (falta de requisitos para su otorgamiento o de todos los «puntos»); condiciones de validez de permisos emitidos en otros países: de la UE, del Espacio Económico Europeo y terceros; autorización especial para transporte de mercancías peligrosas, conforme al Acuerdo ADR; enseñanza de la conducción y pruebas para obtener las autorizaciones; permisos de conducción expedidos por Fuerzas Armadas, Policia Nacional y Guardia Civil, y su canje; infracciones (tramitación y sanción según Ley sobre Tráfico, Circulación de Vehículos a Motor y Seguridad Vial, en especial su art. 67); por último, Registro de Conductores e Infractores (incluirá entre sus datos los «puntos» de que dispone cada conductor). Sus ocho anexos tratan sobre: aptitudes psicofísicas a reunir por los conductores; permiso comunitario, licencia y autorizaciones; documentación necesaria y pruebas para las autorizaciones; calificación de esas pruebas; vehículos a usar; y personal examinador.

Saber más

Modificado varias veces; la más reciente, por Orden INT/1676/2016, de 19 de octubre (BOE n.º 255, de 21 de octubre de 2016, pág. 73787, y BOE n.º 261, de 28 de octubre de 2016, pág. 74999), que modifica su anexo I y traspone al derecho español la Directiva (UE) 2015/653 de la Comisión, de 24 de abril de 2015, sobre el permiso de conducción.

Normativa relacionada

Este Reglamento desarrolla parte del contenido de la Ley sobre Tráfico, Circulación de Vehículos a Motor y Seguridad Vial, aprobada por el RD Legislativo 339/1990, de 2 de marzo (BOE n.º 63, de 14 de marzo de 1990, y rect. en BOE n.º 185, de 3 de agosto de 1990).

Referencia legal

BOE n.º 138, de 8 de junio de 2009, págs. 48068 y ss.

Acceso a la profesión de transportista por carretera

Reglamento (CE) 1071/2009, de 21 de octubre, del Parlamento Europeo y del Consejo

Establece las condiciones para el ejercicio de la profesión de transportista por carretera, tanto de viajeros como de mercancías, y deroga la Directiva 96/26/CE del Consejo de la UE.

Contenido

Esta normativa europea determina que cada empresa transportista debe reunir los requisitos de honorabilidad –es decir, no estar en insolvencia, o condenada por ilícito penal o infracción administrativa grave de transporte– (art. 6), de capacidad financiera, con un capital y reservas de 9000 € por el primer vehículo y 5.000 € por cada uno de los restantes (art. 7), y de competencia profesional, mediante un examen de conocimientos sobre transporte y empresa (art. 8); disponer de un establecimiento efectivo y fijo en la UE (art. 5), de un «gestor de transporte» que dirija efectiva y permanentemente la empresa (art. 4), y de los vehículos necesarios (art. 5, letra b). El resto del Reglamento trata sobre emisión de autorizaciones de transporte (autoridades competentes y controles) y su retirada, medidas de simplificación y cooperación administrativa, reconocimiento mutuo de certificados acreditativos de los requisitos, etc. Se cierra con cuatro anexos: lista de las materias citadas en el art. 8 (I), aspectos de la seguridad del certificado de competencia (II), el modelo de dicho certificado (III) y las infracciones más graves a efectos del art. 6.2,a (IV).

Saber más

No se aplica al transporte en vehículos de hasta nueve personas, incluido el conductor; al de mercancías de masa máxima autorizada (MMA) hasta 3,5 toneladas; a aquellos de velocidad hasta 40 km/h, ni a los que los gobiernos excluyan según la mercancía o la corta distancia recorrida.

Aparte de que los reglamentos de la UE son de aplicación directa en los países miembros, los requisitos de este Reglamento 1071/2009 ya se encuentran *grosso modo* contenidos en la LOTT y el ROTT.

Normativa relacionada

- El anexo III de este Reglamento 1071/2009 fue modificado por Reglamento (UE) 613/2012, de 9 de julio (DOL n.º 178, de 10 de julio de 2012).

- Este Reglamento 1071/2009 ha sido completado por el Reglamento 2016/403/UE, de 18 de marzo (DOL n.º 74, de 19 de marzo de 2016), en lo que respecta a infracciones graves de las normas de la Unión que pueden acarrear al transportista la pérdida del requisito de honorabilidad.

Referencia legal

DOL n.º 300, de 14 de noviembre de 2009, págs. 51 y ss.

Reglamento (CE) 1072/2009, de 21 de octubre, del Parlamento Europeo y del Consejo

Establece las condiciones para el ejercicio de la actividad de transporte internacional de mercancías por carretera, por cuenta ajena, dentro del territorio de la UE, incluso con origen o destino en países terceros. También se aplica al cabotaje, o transporte nacional efectuado por transportista de otro país de la UE. Se excluyen los transportes en vehículos de hasta 3,5 toneladas, los postales, averiados, de medicamentos y urgencia en catástrofes y similares.

Contenido

La empresa transportista debe poseer una «licencia comunitaria», intransferible, que debe ser emitida por la autoridad administrativa de donde tenga su establecimiento, por diez años prorrogables: el original, para la empresa, y una copia auténtica a bordo de cada vehículo (art. 4). Además, si el conductor es nacional de país tercero, necesita un «certificado de conductor», emitido para un periodo de hasta cinco años, en el que se acredite que ha sido legalmente contratado y cumple la normativa laboral del país comunitario de su empresa, cuyo original se debe llevar en el vehículo, y una copia auténtica quedar en la sede (art. 5). Para caso de infracción, se prevén sanciones por ambos países: el de establecimiento y el de acogida. El anexo I concreta los elementos de seguridad de licencias y certificados. El anexo II contiene el modelo de licencia. El anexo III, el modelo de certificado del conductor. El anexo IV y último consiste en una tabla de correspondencias entre los artículos del Reglamento (CEE) 881/92, el Reglamento (CEE) 3118/93, la Directiva 2006/94/CE y el presente.

Saber más

Sobre cabotaje, en España está vigente la Orden FOM/2181/2008, de 22 de julio (BOE n.º 179, de 25 de julio de 2008).

Las licencias comunitarias deben estar inscritas en los registros electrónicos nacionales de transportistas (art. 4.2), donde además se deben anotar las infracciones graves de transporte cometidas por sus transportistas nacionales, sancionadas por cualquier país de la UE (art. 14).

Normativa relacionada

- Deroga expresamente (art. 18) el Reglamento (CEE) 881/92, el (CEE) 3118/93 y la Directiva 2006/94/CE (en su anexo IV el presente Reglamento contiene una tabla de correspondencia entre todos ellos).

- Sus anexos II y III fueron modificados por Reglamento (UE) 612/2012, de 9 de julio (DOL n.º 178, de 10 de julio de 2012).

Referencia legal

DOL n.º 300, de 14 de noviembre de 2009, págs. 72 y ss.

Establece el régimen jurídico aplicable a los contratos de transporte nacional de mercancías por carretera o ferrocarril en territorio español.

Contenido

Consta de varios grandes apartados. El primero contiene definiciones, como la del propio contrato de transporte, sus elementos personales (sujetos) y materiales, y principios muy importantes, como el de la naturaleza dispositiva de la ley (o sea, subsidiaria de lo que las partes libremente pacten) salvo en lo relativo a responsabilidad del transportista y a prescripción; el de contratación, en general, en nombre propio; y el de la responsabilidad del transportista por los actos y omisiones de sus empleados y demás personas a cuyos servicios acuda, particularmente por la actuación del transportista efectivo. Además del contrato referido a un solo viaje, para otros casos de relaciones estables entre cargadores y transportistas, se prevé la posibilidad de otra modalidad de contratación –de duración continuada– por un periodo en el cual se practicará una pluralidad de viajes. En fin, si el transporte se inscribe en el marco de una operación logística, esta ley se aplica solo a la prestación concreta del transporte.

El segundo apartado se refiere a la documentación del contrato. La «carta de porte» es el documento que prueba la existencia del contrato de transporte y los exactos acuerdos que lo integran. La ley enumera los datos –y posibles cláusulas– que la carta de porte debe contener, el número de ejemplares a emitir, posibilidad de su emisión y uso por vía electrónica, posibilidad de adjuntar a la misma otros documentos necesarios para el viaje, derechos que están aparejados a la carta de porte, etc.

Sigue un conjunto de reglas aplicables a la relación entre los contratantes: idoneidad del vehículo, puesta del mismo a disposición del cargador, sujetos obligados a realizar las operaciones de carga y estiba en origen y sus inversas en destino, indemnización predeterminada por exceso de tiempo en esas operaciones (paralizaciones), derecho de disposición del cargador sobre la mercancía a lo largo del viaje, actuación en caso de surgir impedimentos durante el viaje o en el momento de la entrega (depósito y venta de mercancías «conflictivas» por las juntas arbitrales del transporte), plazos de transporte, precio del transporte, a quién corresponde pagarlo, influencia en su cuantía de la variación del precio del gasóleo, momento de su pago y demora máxima permitida.

Otro importante apartado regula la responsabilidad del transportista (algo de ello ya viene tratado en el primer gran apartado de la ley). Configurada esta responsabilidad como «de resultado», en caso de incumplimiento del contrato –por pérdida o daños a la mercancía, o retraso en su entrega a destino– se presume la culpa del transportista, quien para exonerarse de responsabilidad tendría que probar un hecho inevitable, un caso de culpa del cargador o un vicio propio de la mercancía (hay una lista más pormenorizada de supuestos denominada «presunciones de exoneración»). El valor de la mercancía indemnizable es el que tenía en el lugar de origen y al momento de su carga. Ahora bien, salvo que se haya efectuado una declaración de valor de la mercancía trasportada o de interés especial en su entrega, la ley establece un límite máximo de indemnización de, aproximadamente, 6 € por kilo de peso bruto de mercancía perdida o dañada –la cantidad exacta se calcula con relación al llamado indicador público de renta de efectos múltiples (Iprem), cuya cuantía se concreta en la Ley de Presupuestos Generales del Estado, para cada año–; o, en caso de retraso en la entrega, un importe equivalente al precio del transporte.

Este límite no es aplicable en caso de dolo del transportista.

Siguen unas previsiones sobre transportes sucesivos, o sea, consecutivos, referidas sobre todo a contra cuál de ellos reclamar y reparto de responsabilidad entre los mismos. Un bloque sobre transporte multimodal, en que básicamente se adopta el habitualmente conocido como «sistema red», es decir, responsabilidad correspondiente al tramo donde haya acaecido el hecho perjudicial, o, si no es determinable, entonces aplicación de la propia Ley 15/2009; del cual forma parte una previsión específica sobre los transportes por superposición (camión cargado sobre tren o buque *ferry*). Un capítulo sobre mudanzas, en el que se prevé que el presupuesto obligatorio, una vez aceptado, haga la función de carta de porte, y un régimen específico para indemnizaciones (por metro cúbico).

El último apartado consiste en el régimen de prescripción de reclamaciones, cuyo plazo es de un año, pudiéndose suspender por comunicación escrita y reanudarse por su respuesta también escrita. Entre transportistas, el plazo empieza a contar desde que se dictó sentencia o laudo firmes que obligan al transportista reclamante al pago, o, en su defecto, desde que tal indemnización fue pagada de hecho.

Saber más

Este régimen está muy inspirado en el Convenio CMR, regulador del contrato de transporte internacional de mercancías por carretera, sobre todo en materia de documentación (carta de porte) y de responsabilidad del transportista.

Pero su regulación aparece más detallada, al tener esta Ley casi el doble de artículos (de fondo) que el Convenio CMR; cambia, actualizándolas, algunas previsiones (por ejemplo, en cuanto a plazos), y, sobre todo, a diferencia de aquel, salvo en responsabilidad del transportista y prescripción, sus previsiones son de aplicación subsidiaria a lo que libremente estipulen los contratantes.

Se puede complementar la información sobre esta importantísima Ley en el manual práctico *El contrato de transporte por carretera (Ley 15/2009)*, a cargo de A. Cabrera, publicado por Marge Books.

Normativa relacionada

- Condiciones generales aprobadas por Orden FOM/1882/2012, de 1 de agosto.

- En materia de juntas arbitrales del transporte, arts. 37 y 38 de la Ley 16/1987, de 30 de julio (LOTT), arts. 6-12 de su Reglamento (ROTT) y Orden FOM/3386/2010, de 20 de diciembre, sobre sus funciones de depósito y enajenación de mercancías.

- Normas sobre contratación mercantil (Código de Comercio, arts. 50-65) y responsabilidad contractual (Código Civil, arts. 1088 y ss., y arts. 1254 y ss.).

Referencia legal

BOE n.º 273, de 12 de noviembre de 2009, págs. 94903 y ss.; rect. en BOE n.º 41, de 16 de febrero de 2010, págs. 14262 y ss.

Ayudas a transportistas autónomos por carretera que abandonen la actividad

Orden FOM/3218/2009, de 17 de noviembre

Amplía el régimen de ayudas a transportistas autónomos, sea de viajeros o de mercancías, que abandonen esta actividad, por considerar que uno de los problemas de que adolece el transporte público por carretera en España es la elevada edad de gran parte de los titulares de microempresas. Además, y habitualmente por razones de necesidad económica, simultanean la gestión de las empresas con la conducción de los vehículos utilizados, con posible merma de calidad en lo uno o lo otro; y, al no poder realizar economías de escala, a menudo con unos costes de producción excesivos.

Contenido

Los requisitos, en síntesis, para acceder a estas ayudas (art. 4) son:

a) Edad mínima de 63 años, incapacidad permanente absoluta o total para el transporte o gran invalidez.

b) Titularidad de una autorización de transporte público, con máximo de tres copias.

c) Alta en el Régimen especial de trabajadores autónomos (RETA) de la Seguridad Social los últimos diez años sin interrupción.

d) Compromiso de abandonar la actividad de transporte público, renunciando a todas las autorizaciones de que fuere titular.

e) No haber desaprovechado otras ayudas por este concepto otorgadas por el Ministerio de Fomento en los tres años anteriores.

Asimismo, se regulan la forma de la solicitud (art. 5), la convocatoria y procedimiento (art. 6), los criterios de valoración (art. 7), las cuantías de las ayudas (art. 8), su otorgamiento (art. 9), los requisitos para su pago (art. 10), las comprobaciones y obligaciones de los beneficiarios (art. 11), la compatibilidad de las ayudas (art. 12) y las consecuencias de su incumplimiento (art. 12).

Saber más

También podrán ser beneficiarios de las ayudas previstas en esta Orden los socios únicos de las llamadas sociedades mercantiles unipersonales titulares de autorizaciones de transporte, siempre que tanto la sociedad como el socio cumplan los requisitos que establece la Orden.

Ha sido modificada varias veces, la más reciente por la Orden FOM/64/2017, de 30 de enero (BOE n.º 28, de 2 de febrero de 2017).

Normativa relacionada

- Deroga la Orden FOM/2218/2008, de 23 de julio, que era su antecedente.

- Las subvenciones reguladas en esta Orden FOM/3218/2009 se regirán, en lo no previsto en ella, por lo dispuesto con carácter general para las ayudas públicas en la Ley 38/2003, de 17 de noviembre, General de Subvenciones, y en su Reglamento, aprobado por el RD 887/2006, de 21 de julio.

Referencia legal

BOE n.º 288, de 30 de noviembre de 2009 (págs. 101816 y ss.).

Ayudas en el transporte por carretera

Orden FOM/3370/2009, de 2 de diciembre

Determina los órganos competentes para el otorgamiento y la tramitación de ayudas a la formación en el transporte por carretera y para las sociedades de garantía recíproca que operen en este sector.

Contenido

En su único artículo, esta Orden establece que la ordenación e instrucción de los procedimientos de otorgamiento de las ayudas cuyas bases reguladoras fueron aprobadas por la Orden FOM/3591/2008, de 27 de noviembre, y la FOM/3743/2004, de 28 de octubre, se realice ahora por la División de Coordinación y Apoyo a la Innovación del Transporte por Ferrocarril y Carretera.

Asimismo, indica que la evaluación de las solicitudes se lleve a cabo por una comisión de valoración presidida por el director de la División de Coordinación y Apoyo a la Innovación del Transporte por Ferrocarril y Carretera o la persona que este designe al efecto, y que formen parte de la misma tres vocales designados por el presidente, uno de la Subdirección General de Ordenación y Normativa de Transporte Terrestre, otro de la de Inspección de Transporte Terrestre y otro de la de Gestión y Análisis de Transporte Terrestre. Por su parte, la convocatoria y otorgamiento de las ayudas se realizan por la Dirección General de Transporte Terrestre.

Saber más

Una vez establecidas la normativa básica reguladora de las ayudas respectivamente previstas para la formación en el transporte por carretera y para las sociedades de garantía recíproca (SGR) intervinientes en este sector, se hacía necesario concretar qué órganos, dentro del Ministerio de Fomento, son los competentes en relación a tales ayudas, al haber cambiado la estructura orgánica de este Ministerio y la consiguiente distribución de funciones.

Normativa relacionada

- Orden FOM/3591/2008, de 27 de noviembre, sobre concesión de ayudas para la formación en relación con el transporte por carretera (bases reguladoras).
- Orden FOM/3743/2004, de 28 de octubre, sobre concesión de ayudas a las sociedades de garantía recíproca que operen en el sector del transporte por carretera (bases reguladoras).
- Ley 38/2003, de 17 de noviembre, General de Subvenciones, y su Reglamento, aprobado por el RD 887/2006, de 21 de julio.

Referencia legal

 BOE n.º 301, de 15 de diciembre de 2009 (págs. 105906 y s.).

Modifica diversas leyes anteriores para que se adapten a esta. Su título IV, sobre servicios de transporte y comunicaciones, elimina la intervención administrativa en materia de precios en el sector de los transportes, suprime la autorización administrativa específica para la instalación de estaciones de transporte y de centros de información y distribución de cargas, así como para el acceso y ejercicio de las actividades de arrendamiento de vehículos, que se declara libre.

Contenido

El art. 21 de esta ley trata sobre el transporte en concreto y modifica varios preceptos de la LOTT. Respecto al transporte de mercancías, da nueva redacción al art. 18, insistiendo en que el precio de estos transportes, así como el de la intermediación en ellos, es libre. Se suprimen el art. 49, que permitía a la Administración restringir o condicionar el acceso al transporte y la intermediación en ciertos casos –después sustituido por su nueva versión, vigente–, y el art. 50, sobre esas medidas restrictivas y sus modalidades. El art. 91 dispone que las autorizaciones de transporte público deben permitir prestar servicio en todo el territorio nacional. Se suprime el art. 124 sobre centros de información y distribución de cargas. El art. 128 suprime la aprobación por la autoridad de transporte, y sujeta el establecimiento de estaciones y centros de transporte solo a la normativa urbanística, fiscal, laboral y de seguridad. Se anula el resto de anteriores previsiones sobre tales estaciones y centros (arts. 129-132). En fin, se modifica el texto del art. 133, sobre arrendamiento de vehículos sin conductor, indicando que esta actividad puede ser realizada libremente en los términos ya referidos para estaciones y centros de transporte.

Saber más

Esta ley es habitualmente conocida como «Ley Ómnibus», por la heterogeneidad de materias a que se refiere. Pretende, en sentido liberalizador, una aplicación generalizada de sus principios al sector servicios, para ganar en eficiencia, productividad y empleo en los sectores implicados, además de incrementar la variedad y calidad de los servicios disponibles a empresas y ciudadanos. Concretamente lo hace al suprimir barreras y reducir trabas que restringen injustificadamente el acceso a ciertas actividades, simplificando y agilizando los procedimientos, a la vez que obliga a los prestadores de servicios a actuar con transparencia, tanto respecto a la información como en cuanto a reclamaciones.

Normativa relacionada

- La Ley sobre el libre acceso a las actividades de servicios y su ejercicio, a la que esta Ley 25/2009 adapta varias otras, es la 17/2009, de 23 de noviembre (BOE n.º 283, de 24 de noviembre de 2009, págs. 99570 y ss.), que había traspuesto parcialmente a nuestro ordenamiento la Directiva 2006/123/CE, de 12 de diciembre de 2006 (DOL n.º 376, de 27 de diciembre de 2006, págs. 36 y ss.), relativa a los servicios en el mercado interior.

- En materia de transporte de mercancías por carretera, esta Ley 25/2009 modifica la LOTT.

Referencia legal

BOE n.º 308, de 23 de diciembre de 2009 (págs. 108507 y ss.).

Establece los requisitos que deben cumplir los formadores que impartan los cursos de cualificación inicial y formación continua de los conductores de determinados vehículos destinados al transporte por carretera. No especifica que sea solo para el de viajeros o solo para el de mercancías, aunque la mayor parte de materias versa sobre este segundo.

Contenido

Se detalla la profesión o titulación de los docentes que deben impartir cada materia que integra el programa de cualificación inicial y formación continua de los conductores (art. 1), con especialización CAP (certificado de aptitud profesional) en diversas áreas: en formación vial (art. 2), en conducción racional (art. 3), en logística y transportes por carretera (art. 4), en transporte de materias peligrosas (art. 5), en extinción de incendios (art. 6) y en primeros auxilios (art. 6). En las disposiciones adicionales, se indican los centros habilitados para la formación de formadores CAP, las exenciones a la obligatoriedad del curso de formación CAP en «habilidades docentes», los requisitos formativos exigidos al profesorado habilitado para impartir el curso en «habilidades docentes», así como las titulaciones equivalentes. La Orden se completa con anexos referidos a los cursos de: especialista CAP en conducción racional (I), logística y transportes por carretera (II), transporte de materias peligrosas (III) y actuaciones de emergencia en carretera (IV), formación CAP en habilidades docentes (V) y sobre la evaluación final (VI).

Saber más

Se pretende definir qué clase de especialista debe impartir cada materia que integra el programa de formación CAP, especificando qué titulación debe tener o qué formación debe haber recibido. Sin perjuicio de que, en su caso, una misma persona especializada en diversas materias pueda impartir indistintamente una u otra partes del programa y que un mismo centro de formación pudiera especializar a los profesores en varias áreas.

Normativa relacionada

- RD 1032/2007, de 20 de julio, que regula la cualificación inicial y la formación continua de los conductores de transporte por carretera (CAP), especialmente su disposición adicional primera.

- RD 555/2012, de 23 de marzo, que establece el título de técnico en conducción de vehículos de transporte por carretera y fija sus enseñanzas mínimas.

- Orden ECD/75/2013, de 23 de enero, que establece el currículo del ciclo formativo de grado medio correspondiente a dicho título.

- Orden PRE/1664/2008, de 13 de junio, que publica el Acuerdo de Consejo de Ministros por el que se toma conocimiento de los Acuerdos de 11 de junio de 2008, de la Administración General del Estado con el Departamento de Transporte de Mercancías del Comité Nacional del Transporte por Carretera.

Referencia legal

BOE n.º 244, de 8 de octubre de 2010 (págs. 85520 y ss.).

Se trata de una regulación –intencionadamente no exhaustiva ni minuciosa sino de mínimos, que deja a cada junta arbitral del transporte cierta flexibilidad para su aplicación– de aquellos supuestos en que procede, a instancia de parte, el depósito y enajenación de las mercancías transportadas cuando surgen impedimentos al transporte o a la entrega de las mismas, cuando estas corren riesgo de perderse o en ciertos casos de impago del precio y gastos del transporte.

Contenido

Las normas determinan que es posible el depósito de la mercancía por parte de las juntas arbitrales en los siguientes supuestos (art. 2): a) cuando el porteador retenga las mercancías por impago del precio u otros gastos en los que haya incurrido con ocasión del transporte; b) cuando surjan impedimentos al transporte; c) cuando no se encuentra el destinatario en el domicilio indicado en la carta de porte, o no se hace cargo de la mercancía conforme al contrato, y si no realiza la descarga correspondiéndole hacerlo o se niega a firmar el documento de entrega; d) cuando las mercancías transportadas corran riesgo de perderse o de sufrir daños graves, sin que hubiera tiempo para realizar la entrega ni para que sus dueños dispusieran de ellas o dieran instrucciones.

Se establece cuándo cabe la enajenación de las mercancías depositadas, condicionándola, en los casos a) y c) del art. 2, a ciertos requisitos.

La Orden también prevé el pago de gastos de depósito, enajenación o destrucción; procedimiento; comprobación y peritación de la mercancía, locales y medios auxiliares, subasta o venta directa, etc.

Saber más

Con antecedente en el Código de Comercio (art. 369), estas normas despejan las dudas que podía haber sobre la existencia de un derecho de retención ostentado por el transportista para cobro de los portes, y también un destino para la mercancía cuya entrega había devenido imposible. Este procedimiento simplificado ya fue previsto en la LOTT (art. 23.3), que se limitó a anunciarlo, para ser después desarrollado en efecto por el ROTT.

Normativa relacionada

A este procedimiento se refiere también el ROTT (arts. 10-12); la Ley 15/2009, sobre el contrato de transporte (art. 44, sobre impedimentos en el viaje o a la entrega, y art. 45, sobre aplicación del resultado de la venta), y la Orden FOM/1882/2012, que aprueba sus condiciones generales en el anexo (apdo. 3.8, por impago; apdo. 5.11, depósito de las mercancías; apdo. 6.6, depósito por incidencias, y apdo. 9.3 depósito de paquetería).

Referencia legal

BOE n.º 318, de 31 de diciembre de 2010 (págs. 109345 y ss.).

Transporte de mercancías peligrosas: notificación de accidentes

Resolución de 6 de octubre de 2011

Se actualiza la relación de números telefónicos a utilizar para la notificación de accidentes y otros datos de interés en los servicios de transporte de mercancías peligrosas por carretera o por ferrocarril.

Contenido

Se trata de una información que, ante el riesgo de accidentes en transportes de mercancías peligrosas por carretera y ferrocarril, la Dirección General de Protección Civil y Emergencias, del Ministerio del Interior, viene publicando periódicamente y de manera actualizada.

Su contenido es sencillo: en su anexo único provee una simple relación de números de teléfonos de emergencia, que corresponde a los Centros de Coordinación Operativa (24 horas), clasificados según su ámbito para todo el territorio nacional, y además, por comunidades autónomas, mencionadas por orden alfabético.

Saber más

La presente Resolución deja sin efecto su equivalente anterior de 29 de marzo de 2006 (BOE n.º 88, de 13 de abril de 2006).

Normativa relacionada

Esta relación telefónica se publica de conformidad con lo establecido en el artículo 5 del RD 387/1996, de 1 de marzo, por el que se aprueba la Directriz Básica de Planificación de Protección Civil.

Referencia legal

BOE n.º 252, de 19 de octubre de 2011 (págs. 109019 y ss.).

Establece certificados de profesionalidad –entre ellos, los de conducción de autobuses y de conducción de vehículos pesados de transporte de mercancías por carretera– en la familia profesional Transporte y mantenimiento de vehículos, que se incluyen en el Repertorio Nacional de Certificados de Profesionalidad.

Contenido

Como objeto y ámbito de aplicación, se determina que estos certificados de profesionalidad tienen carácter oficial y validez en todo el territorio nacional (art. 1); qué certificados se establecen –entre ellos, el de conducción de vehículos pesados de transporte de mercancías por carretera con nivel 2– (art. 2); estructura y contenido de cada certificado, e identificación, perfil profesional, formación, prescripciones de los formadores, y requisitos mínimos de espacios, instalaciones y equipamientos para cada certificado (art. 3); requisitos de acceso a la formación de los certificados de profesionalidad (art. 4); formadores y requisitos que deben reunir (art. 5); contratos para formación y aprendizaje (art. 6); formación mediante teleformación (art. 7); centros autorizados para su impartición (art. 8); correspondencia con los títulos de formación profesional (art. 9). En las disposiciones adicionales primera y segunda, se fijan, respectivamente, el nivel del certificado en el marco europeo de cualificaciones y las equivalencias con certificados anteriores.

Saber más

Deroga expresamente el Real Decreto 2001/1996, de 6 de septiembre (BOE n.º 238, de 2 de octubre de 1996), que estableció el certificado de profesionalidad de la ocupación de conductor de camión pesado.

Normativa relacionada

- Ley Orgánica 5/2002, de 19 de junio (BOE n.º 147, de 20 de junio de 2002), de las Cualificaciones y de la Formación Profesional, en especial sus arts. 8 y 10.1.
- RD 1128/2003, de 5 de septiembre (BOE n.º 223, de 17 de septiembre de 2003), que regula el Catálogo Nacional de las Cualificaciones Profesionales, arts. 3.3, 4.4 y 8.5, y anexo II.
- RD 34/2008, de 18 de enero (BOE n.º 27, de 31 de enero de 2008), que regula los certificados de profesionalidad.
- RD 1529/2012, de 8 de noviembre (BOE n.º 270, de 9 de noviembre de 2012), sobre contrato para la formación y el aprendizaje.
- Estatuto de los Trabajadores, cuyo texto refundido vigente (ha habido anteriores de 1980 y 1995) fue aprobado por RD Legislativo 2/2015, de 23 de octubre (BOE n.º 255, de 24 de octubre de 2015), en su art. 11.2.

Referencia legal

BOE n.º 309, de 24 de diciembre de 2011, págs. 140918 y ss.

Orden FOM/3528/2011, de 15 de diciembre

Establece el régimen para la rehabilitación de autorizaciones de transporte público de mercancías por carretera.

Contenido

Las autorizaciones caducadas por falta de visado pueden ser rehabilitadas por el órgano competente para su expedición, si se solicita y aporta la documentación exigible. Dicho órgano también puede reintegrar al interesado tantas copias de una autorización como las que le hubiesen resultado canceladas como consecuencia del incumplimiento parcial de los requisitos para el visado, siempre que se acredite que estos ya se cumplen y la nueva copia de la autorización haya de adscribirse al mismo vehículo al que lo estuvo la cancelada o a otro de antigüedad no superior.

En ambos casos es requisito imprescindible que los permisos de circulación de los vehículos a que estaban referidas las copias certificadas de la autorización de transporte público se encuentren en situación de baja temporal o definitiva en el Registro de la Dirección General de Tráfico, desde el momento en que se acabó el plazo de visado y hasta que se solicite la rehabilitación de la autorización o el reintegro de las copias canceladas.

Saber más

Esta Orden se dicta pese a lo dispuesto en el art. 25 de la Orden FOM/734/2007, de 20 de marzo de 2007, por la que se desarrolla el ROTT en materia de autorizaciones de mercancías por carretera. Iba referida a autorizaciones caducadas por falta de visado durante los años 2010 y 2012, sin embargo, al no haberse derogado, ha de entenderse vigente.

Normativa relacionada

El art. 51.2 de la LOTT (versión 2013, vigente) prevé que reglamentariamente podrán establecerse supuestos en los que quepa rehabilitar las autorizaciones que hayan perdido su validez por no haber sido visadas dentro del plazo establecido. No habiéndolo hecho aún el ROTT, la Orden FOM/3509/2009, de 23 de diciembre, estableció un régimen de rehabilitaciones que, pese a su carácter transitorio para 2010, no ha sido derogado.

Referencia legal

 BOE n.º 312, de 28 de diciembre de 2011 (págs. 143221 y ss.).

Convenio colectivo nacional para el transporte de mercancías por carretera

Resolución de 13 de marzo de 2012, que registra y publica el II Acuerdo General laboral para las empresas de transporte de mercancías por carretera, firmado el 12 de noviembre de 2010 *(sic)*

Constituye, para las empresas del sector y sus empleados, un acuerdo marco de naturaleza mixta, o sea que establece la estructura de la negociación colectiva en el sector, y además, contiene disposiciones de contenido normativo y de aplicación directa a las relaciones laborales afectadas, sin perjuicio de su negociación en unidades inferiores y del reenvío de materias a ámbitos inferiores que realiza el propio acuerdo en su articulado.

Contenido

Como ocurre en convenios de otros sectores, este también contiene previsiones específicas para el transporte. En forma muy resumida, abarca la aplicación territorial estatal; ámbito funcional, personal y temporal; negociación en ámbitos inferiores; comisión paritaria; organización del trabajo; personal (superior y técnico, administrativo, de movimiento, de servicios auxiliares); periodo de prueba; extinción del contrato; modalidades de contratación; promoción profesional; jubilación forzosa; subrogación y subcontratación; sucesión en la empresa; jornada de trabajo (en general, trabajadores móviles); calendario laboral; retribuciones; movilidad geográfica; régimen disciplinario (faltas, sanciones y procedimiento); afiliación sindical; conciliación de vida laboral y familiar; igualdad de oportunidades; mejoras sociales (permiso de conducción, jubilación anticipada, otras coberturas); salud laboral; representantes y sindicatos; formación (para conductores del carnet de mercancías peligrosas, ADR); retribuciones anteriores, subsistencia.

Saber más

Se trata de una resolución de la Dirección General de Empleo, del Ministerio de Empleo y Seguridad Social. Su código de convenio es el número 99012735011900.

Sustituye al aprobado por Resolución de 13 de enero de 1998.

Normativa relacionada

Estatuto de los Trabajadores, cuyo texto refundido vigente (ha habido anteriores de 1980 y 1995) fue aprobado por RD Legislativo 2/2015, de 23 de octubre (BOE n.º 255, de 24 de octubre de 2015), especialmente sus arts. 3.1,b, 83 y 84.

Referencia legal

BOE n.º 76, de 29 de marzo de 2012 (págs. 26434 y ss.).

Formación para el título de conductor de vehículos industriales de transporte

Real Decreto 555/2012, de 23 de marzo

Establece el título de técnico en conducción de vehículos de transporte por carretera, de viajeros y de mercancías, con carácter oficial y validez en todo el territorio nacional, y fija sus enseñanzas mínimas.

Contenido

Se trata de un título de formación profesional de grado medio, con duración de dos mil horas, perteneciente a la familia profesional: Transporte y mantenimiento de vehículos, y con referente en la Clasificación Internacional Normalizada de la Educación: CINE-3 b. El Real Decreto determina: perfil profesional (art. 3), competencias general (art. 4), profesionales, personales y sociales (art. 5), relación de cualificaciones y unidades de competencia del Catálogo Nacional de Cualificaciones Profesionales incluidas en él (art. 6), entorno profesional (art. 7), prospectiva del título en el sector (art. 8), enseñanzas del ciclo formativo y parámetros básicos de contexto (art. 9), módulos profesionales (art. 10), espacios y equipamientos mínimos establecidos en el anexo II (art. 11), titulación del profesorado (art. 12), y accesos y vinculación a otros estudios y correspondencia de módulos profesionales con las unidades de competencia para su acreditación, convalidación o exención (arts. 13-15).

Saber más

Desde la publicación de la Directiva 2003/59/CE del Parlamento Europeo y del Consejo, de 15 de julio de 2003, se ha generalizado en toda la Unión Europea una formación obligatoria de los conductores profesionales, específicas del sector de transporte, añadida y distinta a la exigida en la obtención de los permisos de conducción. A ella responde este Real Decreto.

Normativa relacionada

- Aplica la Directiva 2003/59/CE del Parlamento Europeo y del Consejo, de 15 de julio de 2003.
- Sobre titulación del profesorado, arts. 12-13 del RD 276/2007, de 23 de febrero (RCL 2007, 432, 1459).
- Este RD ha sido desarrollado por la Orden ECD/75/2013, de 23 de enero de 2013 (BOE n.º 27, de 31 de enero de 2013, págs. 7412 y ss.).

Referencia legal

BOE n.º 93, de 18 de abril de 2012, págs. 30512 y ss.

Establece el marco para la implantación, de manera coordinada y coherente, de los llamados «sistemas inteligentes de transporte» (SIT) –es decir, el uso y la aplicación de las tecnologías de la información y las comunicaciones– en el sector del transporte por carretera y para las interfaces con otros modos de transporte, fijando las condiciones generales necesarias para alcanzar ese objetivo.

Contenido

La aplicación en España de las especificaciones y normas dictadas por la Comisión Europea sobre la implantación de SIT respecto a los ámbitos y acciones prioritarios recogidos en el anexo I, deberá realizarse conforme a las medidas que adopten los ministerios del Interior y de Fomento, de acuerdo con los principios establecidos en el anexo II (art. 3).

El Ministerio del Interior, a través de la Jefatura Central de Tráfico, facilita a la Comisión Europea información, inicial y periódicamente, sobre las medidas nacionales previstas en el campo de los SIT (art. 4).

Se crea el Registro de aplicaciones y servicios de SIT, en el que deben inscribirse las entidades, Administraciones y demás proveedores de aplicaciones y servicios de SIT en España, cuyo responsable es la Jefatura Central de Tráfico (art. 5).

Incluye dos anexos: uno sobre ámbitos y acciones prioritarios y otro sobre principios para la implantación de los SIT.

Saber más

Este Real Decreto traspone a nuestro ordenamiento la Directiva 2010/40/UE, de 7 de julio.

Normativa relacionada

- El tratamiento de los datos de carácter personal necesarios para el funcionamiento de los SIT se ajustará a la Ley Orgánica 15/1999, de 13 de diciembre. Conforme al art. 20, las personas o colectivos sobre los que se pretenda obtener datos y el nivel de seguridad del Registro de aplicaciones y servicios de SIT serán los que se establezcan para el fichero incluido en la Resolución 30 de noviembre de 2010, de la Dirección General de Tráfico.

- La responsabilidad en el uso de SIT se regulará por la Ley de Consumidores aprobada por RD Legislativo 1/2007, de 16 de noviembre.

- También será de aplicación la Ley 37/2007, de 16 de noviembre, sobre reutilización de la información del sector público.

Referencia legal

BOE n.º 90, de 14 de abril de 2012, págs. 29524 y ss.

Estas condiciones reproducen buena parte de los preceptos de la Ley 15/2009, que desarrolla aquellas cuestiones que así se ha considerado que lo requerían, entre las cuales el propio legislador destaca la inclusión de la fórmula de revisión de precios por variaciones del precio del gasóleo o la fijación de determinados plazos y horarios para el cumplimiento de las obligaciones recíprocas derivadas del contrato de transporte.

Contenido

Consta de siete artículos, a los que sigue un amplio y detallado anexo. Se refieren a su carácter supletorio o imperativo, según el caso (art. 2), transporte contratado en el marco de una operación logística (art. 3), auxilio en carretera (art. 4), contratación del transporte en nombre propio (art. 5), independencia del contrato celebrado entre el cargador y un operador de transporte respecto al celebrado entre este y el transportista (art. 6) y aplicación del régimen de responsabilidad a las diversas acciones (art. 7). El anexo contiene definiciones y normas sobre: carta de porte; precio y gastos del transporte; entrega del envío al porteador; transporte del envío; entrega del envío en destino; pérdidas, averías o retraso en la entrega (incluye el régimen de responsabilidad del transportista); contratos de transporte continuado; transporte de paquetería y similares; transporte de mercancías peligrosas, y transporte con porteadores sucesivos.

Saber más

Son aplicables de forma subsidiaria a lo que libremente pacten las partes en los correspondientes contratos, lo cual supone una amplia aplicación teniendo en cuenta que en transporte nacional en España aún prevalece la contratación solo verbal (telefónica). No obstante, determinados apartados del anexo sí revisten carácter imperativo, por referirse a cuestiones en que así lo prevé la propia Ley 15/2009.

Normativa relacionada

Estas condiciones generales sustituyen a las aprobadas por Orden (sin número), de 25 de abril de 1997, que quedan expresamente derogadas, las cuales adapta a la Ley 15/2009, de 11 de noviembre. Como aquellas, se basan en la habilitación prevista en el art. 13 del ROTT, al Ministerio de Fomento para aprobar estos condicionados uniformes.

Referencia legal

BOE n.º 214, de 5 de septiembre de 2012 (págs. 61858 y ss.).

Documento de control administrativo

Orden FOM/2861/2012, de 13 de diciembre

Regula el documento de control administrativo exigible para la realización de transporte público de mercancías por carretera en territorio español.

Contenido

Establece un documento a formalizar con cada envío sujeto a contrato de transporte, o sea, en los servicios de transporte público, profesional o por cuenta ajena.

Se exceptúan aquellos para los que no sea necesario título habilitante emitido por la Administración, mudanzas, de vehículos accidentados o averiados (grúas), y paquetería. En el transporte internacional, sirve la «carta de porte» CMR, siempre que incluya los datos que exige la presente Orden (además de los recogidos en el art. 6 del Convenio, el NIF de las empresas y la matrícula del/de los vehículos utilizados).

Están obligados a emitirlo tanto los transportistas efectivos como los cargadores (en su caso, cargadores contractuales: otro transportista o un intermediario de transporte, etc.).

Son libres su modelo, formato y denominación. Uno de sus dos ejemplares debe llevarse a bordo del vehículo; el otro debe conservarse en la sede de la empresa durante un año, a disposición de la Inspección de Transporte.

Saber más

El incumplimiento de esta Orden puede ser sancionado como «carencia de documentación obligatoria», infracción muy grave según el art. 140.19 de la Ley 16/1987, de 30 de julio, de Ordenación de los Transportes Terrestres (LOTT).

Este documento de control, que es de naturaleza jurídica administrativa, podría servir también como «carta de porte», a efectos comerciales (art. 10 de la Ley 15/2009, de 11 de noviembre).

Normativa relacionada

- Desarrolla lo previsto en el art. 222 del Reglamento de Ordenación de los Transportes Terrestres (ROTT), aprobado por RD 1211/1990, de 28 de septiembre.

- Deroga la Orden FOM/238/2003, de 31 de enero.

Referencia legal

BOE n.º 5, de 5 de enero de 2013, págs. 698 y ss.

Formación para el título de técnico en conducción de vehículos de transporte

Orden ECD/75/2013, de 23 de enero

Establece el currículo del ciclo formativo de grado medio correspondiente al título de conductor de vehículos industriales de carretera, tanto para viajeros como para mercancías. Una vez que el RD 555/2012, de 23 de marzo, ha fijado el perfil profesional del título, esta Orden fija, en el ámbito de gestión del Ministerio de Educación, Cultura y Deporte, la ampliación y contextualización de los contenidos de los módulos profesionales incluidos en él.

Contenido

El perfil profesional del currículo viene expresado por las competencias generales, personales y sociales, y las cualificaciones y unidades de competencia del Catálogo Nacional de Cualificaciones Profesionales. Los contenidos de los módulos, adaptados tanto a la realidad socioeconómica como a las perspectivas de desarrollo económico y social, se establecen en su anexo I.

La duración del ciclo formativo es de dos mil horas. Los módulos se organizan en dos cursos y se deben ajustar a la distribución semanal horaria fijada en el anexo II. El primer curso se desarrolla íntegramente en el centro educativo; mientras que del segundo curso, una parte (mayor o menor, según las circunstancias) se desarrolla en centros de trabajo, las empresas.

La Orden también se refiere a espacios y equipamientos de los centros de formación (art. 5), titulación del profesorado (art. 6), adaptaciones del currículo (arts. 7-8), otras ofertas y modalidad de estas enseñanzas (arts. 9-11).

Saber más

El currículo de este ciclo formativo integra los aspectos científicos, tecnológicos y organizativos de las enseñanzas establecidas, a fin de lograr que el alumnado adquiera una visión global de los procesos productivos propios del perfil profesional del técnico en conducción de vehículos de transporte por carretera.

Normativa relacionada

Esta Orden se dicta en desarrollo del RD 555/2012, de 23 de marzo (BOE n.º 93, de 18 de abril de 2012, pág. 30512), y es conforme al RD 1147/2011, de 29 de julio (BOE n.º 182, de 30 de julio de 2011, pág. 86766), que establece la ordenación general de la formación profesional del sistema educativo.

Referencia legal

BOE n.º 27, de 31 de enero de 2013 (págs. 7412 y ss.).

Tiempo de trabajo para los transportistas autónomos

Real Decreto 128/2013, de 22 de febrero

Ordena el tiempo de trabajo para los trabajadores autónomos (por cuenta propia) que realizan actividades móviles de transporte por carretera, tanto de viajeros como de mercancías.

Contenido

En línea con lo previsto en la Directiva 2002/15/CE, está dirigido a reforzar la seguridad y la salud de los «trabajadores móviles» del transporte por carretera, al trasponer la citada norma comunitaria al colectivo de los trabajadores por cuenta propia, haciendo uso de la autorización prevista en la disposición final tercera de la Ley 20/2007, de 11 de julio, del Estatuto del Trabajo Autónomo.

En sus arts. 1 y 2 se delimitan el objeto y ámbito de aplicación del RD (enumera también los supuestos excluidos), así como las definiciones de los conceptos básicos que se consideran en el mismo. Establece unas previsiones mínimas de cumplimiento en materia de tiempo de trabajo (art. 3), tiempos de descanso (art. 4), pausas (art. 5) y obligación de registrar el tiempo de trabajo (art. 6). En fin, en su art. 7 aborda lo relativo al control del cumplimiento del RD, que corresponde a la Administración del Estado y las CCAA, y remite a la LOTT.

Saber más

En el ámbito del transporte, «trabajadores móviles» son, naturalmente, los conductores de los vehículos, quienes realizan lo esencial de su función «en movimiento» con estos.

Este RD traspone a nuestro ordenamiento parte de la Directiva 2002/15/CE, del Parlamento y del Consejo, de 11 de marzo de 2002.

Normativa relacionada

- Estatuto del Trabajo Autónomo, aprobado por Ley 20/2007, de 11 de julio, especialmente su disposición final tercera.

- La Directiva 2002/15/CE –que previó un plazo para decidir si se aplicaría o no a los transportistas autónomos–, se había transpuesto al ordenamiento español por el RD 902/2007, de 6 de julio (que modificó el RD 1561/1995, de 21 de septiembre), con exclusión por tanto de los conductores autónomos. El Parlamento Europeo en 16 de junio de 2010 decidió que en efecto les sería aplicable. Y de ello resulta el presente RD 128/2013.

- Además, a estos autónomos se aplica el Reglamento (CE) 561/2006, de 15 de marzo de 2006 (arts. 2 y 3 de este). Y, en su caso, el Acuerdo AETR, de 1 de julio de 1970.

- Estatuto de los Trabajadores, cuyo texto refundido vigente fue aprobado por RD Legislativo 2/2015, de 23 de octubre (BOE n.º 255, de 24 de octubre de 2015).

Referencia legal

BOE n.º 47, de 23 de febrero de 2013, págs. 15283 y ss.

Reglamento (UE) 165/2014, de 2 de febrero, del Parlamento Europeo y del Consejo

Especifica cómo aplicar las normas sobre tiempos de conducción y descanso en el transporte por carretera desarrollado en islas cuya superficie sea mayor de 250 y hasta 2.300 km^2 inclusive.

Contenido

Incluye objeto y principios (art. 1); definiciones (art. 2); ámbito de aplicación; viajeros y mercancías; exenciones (art. 3); requisitos y datos a registrar (art. 4); funciones del tacógrafo digital (art. 5); visualización y advertencias (art. 6), y protección de datos (art. 7); en el capítulo dedicado a los «tacógrafos inteligentes», se especifican los registros de la posición del vehículo (art. 8); teledetección de uso indebido (art. 9); interfaz con «sistemas de transporte inteligentes» (art. 10); algunos disposiciones específicas sobre los mismos (art. 11). Su homologación (arts. 12-21); instalación (arts. 22-25); tarjeta de conductor (arts. 26-31); uso del equipo (arts. 32-37); controladores y su formación, sanciones (art. 38-41); comité (art. 42); foro del tacógrafo (art. 43); comunicación de medidas nacionales (art. 44); modificación del Reglamento (CE) 561/2006 (art. 45); medidas transitorias (art. 46); derogación del Reglamento (CEE) 3821/85 (art. 47); entrada en vigor, aplicabilidad (art. 48). Se completa con dos anexos: fabricación, instalación y control de tacógrafos analógicos (I), y marca y certificado de homologación (II).

Saber más

Deroga el Reglamento (CEE) 3821/85 y modifica el Reglamento (CE) 561/2006, de 15 de marzo, del Parlamento Europeo y del Consejo, sobre tiempos de conducción.

Normativa relacionada

- Ley 16/1987, de 30 de julio, sobre Ordenación de los Transportes Terrestres (LOTT) y su Reglamento (ROTT), aprobado por RD 1211/1990, de 28 de septiembre, especialmente en materia de infracciones.

- Reglamento (CE) 561/2006, de 15 de marzo, para armonización de normas sobre tiempos de conducción y descanso en transporte por carretera.

Referencia legal

DOL n.º 60, de 28 febrero de 2014, págs. 1 y ss.

Aplica las normas del Acuerdo internacional ADR al transporte de mercancías peligrosas desarrollado dentro de territorio español con carácter íntegro, es decir, como transporte nacional. Además, aplica las especialidades recogidas en el anejo 1 de este RD (en lo no contemplado en el ADR, o en lo que la Directiva 2008/68/CE deja libertad a los estados para su desarrollo o concreción). También regula la figura de los consejeros de seguridad.

Contenido

Con respecto a sus precedentes, el RD 97/2014: a) traspone al ordenamiento jurídico español la Directiva 2008/68/CE, de 24 de septiembre de 2008, sobre transporte terrestre de mercancías peligrosas (disposición final segunda); b) integra las más recientes modificaciones habidas en el Acuerdo ADR; c) incorpora lo que para el transporte por carretera preveía el RD 1566/1999, de 8 de octubre (BOE n.º 251, de 20 de octubre de 1999), que había traspuesto a nuestro ordenamiento la Directiva 96/35/CE del Consejo, de 3 de junio de 1996, sobre designación, cualificación profesional y actividad de los llamados «consejeros de seguridad», modificándolo en sentido de dejar en él únicamente lo previsto para transporte por ferrocarril y por vía navegable (disposición final tercera). El actual Reglamento 97/2014 se refiere a estos consejeros de seguridad para el transporte por carretera en sus arts. 24-33 (también en sus disposiciones transitorias primera y segunda), para quienes regula su actividad, obligaciones, etc. En definitiva, se ha aprovechado esta ocasión para actualizar la normativa aplicable en España al transporte de mercancías peligrosas por carretera.

Los arts. 9-23 del vigente Reglamento tratan sobre los vehículos: cisternas, vehículos batería y otros; contenedores especiales; organismos de control y estaciones para la inspección técnica de vehículos (ITV); reparaciones o modificaciones; actas de inspección; documentación de las inspecciones; certificado de aprobación (también en disposición adicional segunda); importación, etc.

Sus arts. 34-40 regulan las operaciones de carga y descarga: información previa, documentación, operaciones previas, elementos a tener en cuenta, asunción de responsabilidades, carga en común y limitaciones, y operaciones posteriores.

A las cisternas, tan habitualmente utilizadas en el transporte de este género de mercancías, se refieren los arts. 41-48: instalaciones de carga y descarga, limpieza, nivel de llenado, procedimiento de carga y descarga, control final, documentación tras descarga, señalización y transporte de alimentos.

Otros preceptos afectan a conductores (art. 4) y ayudantes (art. 6), y a la aplicación sobre ellos de la legislación sobre riesgos laborales (disp. adic. 4.ª); envases y embalajes y graneles (art. 8), etc.

En cuanto al régimen sancionador, su art. 49 remite a la LOTT.

Incluye siete anejos *(sic)* sobre: normas especiales para transporte nacional en España (anejo 1), comprobaciones a realizar antes y durante la operación de carga (anejo 2), comunicación de consejeros de seguridad (anejo 3), comunicación de empresas agrícolas (anejo 4), otras disposiciones que continúan vigentes (anejo 5), organismos de control e ITV (anejo 6) y documentación exigible (anejo 7).

Termina con 25 apéndices consistentes en diversos modelos de certificados.

La aplicación de las normas del Acuerdo internacional ADR al transporte por carretera de mercancías peligrosas desarrollado dentro de territorio español ya venía siendo hecha por los RD 2115/1998, de 2 de octubre (BOE n.º 248, de 16 de octubre de 1998, con corrección de errores en BOE n.º 73, de 26 de marzo de 1999) y RD 551/2006, de 5 de mayo (BOE n.º 113, de 12 de mayo de 2006), hoy derogados y el último, sustituido por el presente RD 97/2014. Y ello, al considerar el legislador con acierto que las reglas de seguridad no deben conocer fronteras, puesto que los riesgos generados por el transporte de estas mercancías son los mismos en transporte nacional e internacional.

- Acuerdo sobre transporte internacional de mercancías peligrosas por carretera (ADR), de 30 de septiembre de 1957.

- LOTT, especialmente arts. 66.2 (especialidades), 35.2 (planes de inspección), art. 140.15 (infracciones muy graves), art. 141.5 (ídem graves), art. 142.7 (ídem leves); art. 143 (sus sanciones).

- Ley 15/2009, art. 10.1, letra h, y art. 24.

- Orden FOM/1882/2012, de 1 de agosto, que aprueba las condiciones generales de la contratación de los transportes, cuyo apdo. 10.1 conecta directamente con el ADR.

- Convenio CMR, art. 6.1 y art. 22.

- RD 1566/1999, de 8 de octubre (BOE n.º 251, de 20 de octubre de 1999), que establece y regula la figura del «consejero de seguridad» para el transporte de mercancías peligrosas.

- RD 230/1998, de 16 de febrero (BOE n.º 61, de 12 de marzo de 1998, y corrección en BOE n.º 157, de 2 de julio de 1998), que aprueba el Reglamento de explosivos y que regula su transporte (arts. 238 y ss.), y especialmente por carretera (arts. 249 y ss.).

- Ley 26/2007, de 23 de octubre (BOE n.º 255, de 24 de octubre de 2007), sobre responsabilidad por daños al medio ambiente, modificada en varios de sus preceptos por el art. 32 del RD-ley 8/2011, de 1 de julio (BOE n.º 161, de 7 de julio de 2011, inserción 11641, pág. 71570) y el RD 2090/2008, de 22 de diciembre, que aprueba el Reglamento para desarrollo parcial de la misma de diciembre (BOE n.º 308, de 23 de diciembre de 2008).

Hay mucha más normativa relacionada –disposiciones especializadas (clasificación, envasado y etiquetado de productos; cisternas, etc.)– que razones de espacio y carácter general de la presente publicación desaconsejan pormenorizar.

BOE n.º 50, de 27 de febrero de 2014, págs. 18505 y ss.

Peaje de autopistas

Real Decreto 286/2014, de 25 de abril

Peajes a aplicar a los vehículos con una masa máxima autorizada superior a 3,5 toneladas destinados al transporte de mercancías por carretera en sus recorridos por las autopistas de peaje de la Red de Carreteras del Estado. Expresamente prevé que no puede exigirse a ninguna categoría de vehículos pesados el pago simultáneo de peajes y cualquier otro tipo de tasas por la utilización del mismo tramo de carretera.

Contenido

Fija el método para cálculo de los peajes y los criterios para su aplicación. Prevé la posibilidad de determinar descuentos, reducciones y modulaciones, y de introducir recargos. Pero prohíbe toda discriminación por razón de nacionalidad o lugar de establecimiento del transportista, matriculación del vehículo u origen o destino del transporte. Prevé las condiciones de pago y la documentación de cada tipo de vehículo. En fin, regula las comunicaciones que las autoridades españolas deberán efectuar a la Comisión Europea cuando se implante un nuevo régimen de peajes o se modifique alguno existente y la coordinación con otros países cuando se establezca un sistema coordinado de peajes.

Incluye tres anexos: en el primero se concretan los principios fundamentales para la imputación de costes y el cálculo de peajes asociados a los de la infraestructura; en el segundo se clasifican los vehículos según los límites de emisión, y en el tercero se clasifican dichos vehículos según los daños que causan al pavimento.

Saber más

Su disposición adicional segunda prevé que el Ministerio de Fomento adapte al presente Real Decreto el pliego de cláusulas generales para la construcción, conservación y explotación de autopistas en régimen de concesión, aprobado por Decreto 215/1973, de 25 de enero.

Normativa relacionada

Este Real Decreto traspone a nuestro derecho la Directiva 2011/76/UE, de 27 de septiembre, sobre aplicación de gravámenes a los vehículos pesados de transporte de mercancías por la utilización de determinadas infraestructuras.

Referencia legal

BOE n.º 112, de 8 de mayo de 2014, págs. 35149 y ss.

Tiempos de conducción en las islas

Real Decreto 1082/2014, de 19 de diciembre

Especialidades para la aplicación de las normas sobre tiempos de conducción y descanso en el transporte por carretera desarrollado en islas cuya superficie sea mayor de 250 km² y hasta 2.300 km² inclusive.

Contenido

Las especialidades para estas islas son, en forma muy resumida, las siguientes: a) el tiempo de descanso diario «normal» se podrá tomar en dos o tres periodos separados, uno de ellos no inferior a ocho horas, y ninguno inferior a una hora, siendo la duración total del descanso de al menos 11 horas; el tiempo de descanso diario «reducido», de al menos nueve horas e inferior a 11 horas, se podrá tomar en dos periodos, uno de ellos de ocho horas y ninguno inferior a una hora; b) podrán realizarse periodos de descansos semanales reducidos durante tres semanas consecutivas a una en que se hubiese tomado un periodo de descanso semanal normal; c) la pausa ininterrumpida podrá sustituirse por dos o tres pausas de 15 minutos, intercaladas en el periodo de conducción o inmediatamente tras el mismo; d) en trayectos interinsulares no es necesario que el conductor disponga de cama durante el periodo de descanso diario normal, si la duración del trayecto marítimo no supera las cuatro horas; el tiempo que el conductor pase en el transbordador no forma parte del descanso diario.

Saber más

Las islas españolas de superficie comprendida en el tramo a que se refiere el presente RD 1082/2014, son: en el archipiélago balear: Menorca (695,7 km²) e Ibiza (575 km²), y en el archipiélago canario: Gran Canaria (1.560 km²), Fuerteventura (1.660 km²), Lanzarote (845,9 km²), Tenerife (2.034 km²), La Palma (708,3 km²), La Gomera (369,8 km²) y El Hierro (268,7 km²).

Normativa relacionada

Reglamento (CE) 561/2006, de 15 de marzo, para armonización de normas sobre tiempos de conducción y descanso en transporte por carretera, que permite a cada país establecer excepciones a la obligatoriedad de sus normas respecto a algunos servicios (art. 13.1, letra e). En España lo hace el RD 640/2007, de 18 de mayo, para ciertas clases de transporte (art. 2) así como para islas de hasta 250 km² (art. 2, letra p).

Referencia legal

BOE n.º 10, de 12 de enero de 2015, págs. 2474 y ss.

Ley 39/2015, de 1 de octubre, del Procedimiento Administrativo Común de las Administraciones Públicas

Como su propio nombre indica, esta Ley establece un procedimiento (o modelo de expediente) «común» a todas las actividades sometidas al derecho administrativo, entre ellas –aunque no se mencione expresamente– la de transporte por carretera, tanto de viajeros como de mercancías. Otras actividades, además, cuentan con sus propios procedimientos específicos, con mayor detalle pero de ninguna manera contrarios a este.

Contenido

En forma muy resumida recoge: disposiciones generales; interesados en el procedimiento (capacidad de obrar, concepto de interesado, representación, apoderamientos, identificación y firma de los interesados, y medios electrónicos); actividad de las administraciones públicas (normas generales, lengua, registros, plazos, su cómputo, suspensión, ampliación y el llamado «silencio administrativo»); actos administrativos (motivación y forma de los requisitos, notificación de eficacia, nulidad y anulabilidad); el procedimiento administrativo común, con garantías (derechos del interesado), iniciación (de oficio, a solicitud del interesado), ordenación, instrucción (alegaciones, prueba, informes, audiencia), finalización, tramitación simplificada, ejecución (en su caso, forzosa); la revisión de actos en vía administrativa (de oficio, recursos administrativos: de alzada, potestativo de reposición, extraordinario de revisión); la iniciativa legislativa y potestad para dictar reglamentos y otras disposiciones; etc.

Saber más

Esta ley, como general, es aplicable también a los procedimientos en materia de transporte por carretera, con carácter subsidiario a los específicos que establecen la LOTT y el ROTT (por ejemplo, para obtención de autorizaciones, sobre sanciones, etc.). Sobre sanciones en concreto, son aplicables de esta Ley 39/2015 sus arts. 25.1,b; 35.1,h; 53.2; 55.2; 60.2; 61.3; 63-64; 85; 88-90; 96.5; 98.1,b, y 114,f.

Normativa relacionada

- Se pueden encontrar previsiones útiles en la Ley 40/2015, de 1 de octubre, de Régimen Jurídico del Sector Público.

- Una vez terminado un procedimiento –«agotada la vía administrativa»–, si el interesado no está conforme con lo decidido, puede llevar su impugnación ante los tribunales de justicia en lo que se llama «recurso contencioso-administrativo», regido por la Ley 29/1998, de 13 de julio.

Referencia legal

BOE n.º 236, de 2 de octubre de 2015, págs. 89343 y ss.

Real Decreto Legislativo 6/2015, de 30 de octubre, por el que se aprueba el texto refundido de la Ley sobre Tráfico, Circulación de Vehículos a Motor y Seguridad Vial

Regula las normas de conducción propiamente dichas (sentido de la circulación; carriles y arcenes; velocidad; preferencia de paso; incorporaciones y salidas; cambios de dirección, sentido y marcha atrás; adelantamientos; paradas y estacionamientos; alumbrado; señalización; etc.). También regula el régimen de títulos habilitantes para conducir, las competencias administrativas sobre la materia, las infracciones, sus sanciones y el procedimiento sancionador, entre otras materias.

Contenido

Este texto refundido de la Ley de Tráfico, muy resumidamente, recoge el ejercicio y coordinación de competencias sobre tráfico, circulación de vehículos a motor y seguridad vial; normas de comportamiento en la circulación; elementos de seguridad, señalización; autorizaciones administrativas (permisos y licencias de conducción, documentación del vehículo, nulidad y pérdida de vigencia, renovación, puntos, centros de formación), régimen sancionador (responsabilidad, infracciones, sanciones, procedimiento, intercambio transfronterizo de información sobre infracciones, medidas provisionales, ejecución, prescripción) y Registro Nacional de Víctimas de Accidentes.

Incluye siete anexos: definiciones –numerosas: 82 en total– (I), infracciones que conllevan pérdida de puntos (II), cursos de sensibilización y reeducación vial (III), cuadro de sanciones y puntos por exceso de velocidad (IV), datos a que podrán acceder los órganos competentes españoles (V), datos que se facilitarán por dichos órganos competentes (VI) y carta de información (VII).

Saber más

Esta ley es lo que siempre se ha llamado Código de la Circulación.

Se apoya en la Ley 18/1989, de 25 de julio, llamada Ley de Bases de Tráfico, Circulación de Vehículos a Motor y Seguridad Vial –vigente– (BOE n.º 178, de 27 de julio de 1989; rect. en BOE n.º 75, de 28 de marzo de 1990), que modernizó el Código de la Circulación de 25 de septiembre de 1934.

Normativa relacionada

- Reglamento General de Circulación, aprobado por el RD 1428/2003, de 21 de noviembre (BOE n.º 306, de 23 de diciembre de 2003, pág. 45684), vigente, aunque deberá adaptarse a esta ley de 2015.

- Es de aplicación supletoria la Ley de Procedimiento Administrativo.

- Traspone la Directiva (UE) 2015/413, de 11 de marzo de 2015, para intercambio transfronterizo de información sobre infracciones de tráfico.

Referencia legal

BOE n.º 261, de 31 de octubre de 2015, págs. 103167 y ss.

BOE n.º 137, de 9 de junio 2017, págs. 47765 y ss.

Constituye la normativa de sanidad y protección animal durante el transporte de animales vertebrados vivos en relación con una actividad económica.

Contenido

Contiene normas de sanidad y bienestar animal en el transporte: obligaciones de los transportistas (art. 4), autorización que estos han de ostentar (art. 5) y los medios que utilicen (art. 6), plazo da validez de dichas obligaciones y autorización (art. 7), documentos que deben acompañar a los animales (art. 9), registro de actividad (art. 10), formación (art. 11), registro de transportistas y medios de transporte (art. 12), base de datos nacional de transportistas, medios de transporte y contenedores, que lleva el Ministerio de Agricultura y Pesca, Alimentación y Medio Ambiente (art. 13), puntos de salida de la UE (art. 16), puntos de entrada designados (art. 17), inspección y controles (arts. 19-21) y régimen sancionador, que remite a la Ley 32/2007, de 7 de noviembre, y la Ley 8/2003, de 24 de abril (art. 22).

Incluye dos anexos: el primero, de requisitos mínimos de los cursos de formación, de acuerdo con el art. 11; y el segundo, con las menciones fundamentales a incluir en la base de datos nacional de transportistas, medios de transporte y contenedores según lo establecido en el art. 13.1.

Saber más

Este Real Decreto desarrolla la disposición final sexta de la Ley 32/2007, de 7 de noviembre, para el cuidado de los animales en su explotación, transporte, etc., y la disposición final quinta de la Ley 8/2003, de 24 de abril, de sanidad animal.

Entró en vigor a los dos meses de su publicación en el BOE, por tanto, el 9 de febrero de 2017, salvo los arts. 17 y 18, que lo hacen al año, es decir, el 9 de diciembre de 2017.

Normativa relacionada

- Concuerda con el Reglamento (CE) 1/2005, de 22 de diciembre de 2004. Deroga el RD 751/2006, de 16 de junio, sobre autorización y registro de transportistas de animales y del Comité español de bienestar y protección de los animales de producción. Y modifica el RD 728/2007, de 13 de junio, sobre registros generales de movimientos de ganado y de identificación de animales.

- Véanse también la OM FOM/1882/2012 (anexo, 7.11), la Ley 15/2009 (art. 50) y el Convenio CMR (art. 17.4,f y art. 18.5).

- RD 1559/2005, de 23 de diciembre (BOE n.º 312, de 30 de diciembre de 2005, págs. 43146 y ss.; rect. en BOE n.º 34, de 9 de febrero de 2006, pág. 4942), sobre centros de limpieza y desinfección de los vehículos dedicados al transporte por carretera de ganado.

Referencia legal

BOE n.º 297, de 9 de diciembre de 2016, págs. 86034 y ss.

Inspección de vehículos comerciales en carretera

Real Decreto 563/2017, de 2 de junio

Regula las inspecciones técnicas en carretera de vehículos comerciales que circulan en territorio español, con independencia del país en que estén matriculados. Se refiere a vehículos tanto de transporte de viajeros (nueve plazas más la del conductor) como de transporte de mercancías, y a remolques para viajeros o mercancías y alojamiento de personas (ambos de masa máxima autorizada superior a 3,5 t).

Contenido

Entre los procedimientos de inspección que vienen recogidos en el art. 8, se prevén unas inspecciones «iniciales» y otras «más minuciosas» (apdos. 1 y 3, respectivamente). Para las iniciales se podrán seleccionar los vehículos explotados por empresas con perfil de riesgo alto según el sistema del art. 6. Aunque también será posible sobre otros vehículos al azar o si se sospecha que presentan riesgo para la seguridad vial o el medio ambiente.

En todo caso, no puede existir discriminación por nacionalidad del conductor o país de matriculación del vehículo, y se debe de intentar minimizar los costes y retrasos.

Se refiere también a instalaciones de inspección (unidad móvil o estación ITV), inspección de sujeción de la carga, evaluación de deficiencias, gastos, informes de las inspecciones y base de datos de estas, régimen sancionador, etc.

Incluye cinco anexos: elementos del sistema de clasificación de riesgos (I), ámbito de la inspección (II), sujeción de la carga (III), modelo de informe de inspección más minuciosa (IV) y modelo armonizado para los informes (V).

Saber más

Traspone al ordenamiento jurídico español la Directiva 2014/47/UE, del Parlamento Europeo y del Consejo, de 3 de abril de 2014, relativa a las inspecciones técnicas en carretera de vehículos comerciales que circulan en la Unión Europea.

El presente Real Decreto fija su entrada en vigor el día 20 de mayo de 2018.

Normativa relacionada

- Deroga el RD 957/2002, de 13 de septiembre (BOE n.º 227, de 21 de septiembre de 2002), y la Orden INT/316/2003, de 13 de febrero de 2003 (BOE n.º 44, de 20 de febrero de 2003).

- Lo previsto por el presente Real Decreto se entenderá sin perjuicio de lo establecido en la normativa reguladora de las inspecciones técnicas de vehículos (ITV).

Referencia legal

BOE n.º 137, de 9 de junio de 2017, págs. 47765 y ss.

Real Decreto 920/2017, de 23 de octubre

Regula las inspecciones técnicas de vehículos (ITV) de toda clase, incluidos los de uso industrial, tanto de transporte de viajeros como de transporte de mercancías.

Contenido

Definiciones, ámbito de aplicación y disposiciones generales; tipos de inspecciones técnicas; fecha y frecuencia de las inspecciones técnicas periódicas según clase de vehículo, su antigüedad, etc.; lugar donde realizar las inspecciones; objeto de la inspección y métodos a aplicar; calificación de los defectos y resultado de la inspección; informe de inspección (resultado y su constancia documental); seguimiento de los defectos (muy graves, graves o leves); prueba de inspección (distintivo, etc.); instalaciones y equipos de inspección; requisitos a cumplir por las estaciones ITV; registro de las mismas, incluidos los datos que se deben hacer constar; señalización de las estaciones; libre elección de estación ITV por cada usuario; cumplimentación de las tarjetas ITV; tarifas a pagar por la inspección; inspectores y directores técnicos; habilitación de estaciones ITV; supervisión y control de las mismas; suspensión temporal y retirada de su habilitación; cooperación e intercambio de información, y régimen sancionador. Incluye ocho anexos, a cuyo detalle remiten varios de los artículos del RD.

Saber más

Traspone al ordenamiento jurídico español la Directiva 2014/45/UE, del Parlamento Europeo y del Consejo, de 3 de abril de 2014, y los apdos. 1, 4 y 5 del art. 1 de la Directiva 2014/46/UE, del Parlamento Europeo y del Consejo, también de 3 de abril de 2014.

Modifica, entre otros preceptos, el art. 30 del Reglamento General de Vehículos, aprobado por RD 2822/1998, de 23 de diciembre de 1998 (disposición final cuarta). El presente Real Decreto fija su entrada en vigor el día 20 de mayo de 2018 (disposición final octava).

Normativa relacionada

Deroga expresamente el RD 2042/1994, de 14 de octubre (BOE n.º 275, de 17 de noviembre de 1994; págs. 35292 y ss.), regulador de la ITV, y el RD 224/2008, de 15 de febrero (BOE n.º 69, de 20 de marzo de 2008; págs. 16709 y ss.) sobre instalación y funcionamiento de las estaciones de ITV.

Referencia legal

BOE n.º 271, de 8 de noviembre de 2017, págs. 107068 y ss.

València, 558 – 08026 Barcelona – Tel. +34-931 429 486 – marge@margebooks.com – www.margebooks.com

**Cómo hacer de la cadena de suministro
un centro de valor**
Angel Caja Corral

Cadena de suministro 4.0
Alberto Tundidor, Eva Hernández, Cristina Peña,
Javier Martínez, Javier Campos, Carlos Hernández

El crédito documentario y el mensaje SWIFT
Luis Sánchez Cañizares

**La investigación en seguridad. Del Titanic
a la ingeniería de la resiliencia**
Jaime Rodrigo de Larrucea

Manual del comercio electrónico
Eva María Hernández Ramos, Luis Carlos Hernández Barrueco

**Sales and operations planning.
S&OP in 14 steps**
Cristina Peña Andrés

Economías transformadoras de Barcelona
Ruben Suriñach Padilla

**Planificación de ventas y operaciones.
S&OP en 14 claves**
Cristina Peña Andrés

Cómo participar en ferias comerciales
Cristina Peña Andrés

Manual de prevención de riesgos laborales
Blas Gómez

La economia social y solidaria en Barcelona
Ivan Miró, Anna Fernàndez

Negociación para el comercio internacional
Cristina Peña Andrés

Manual del manipulador de alimentos
Blas Gómez

La economía social y solidaria en Barcelona
Anna Fernàndez, Ivan Miró

Manual de seguridad en el trabajo
Marge Books

**Cómo innovar en las pymes.
Manual de mejora a través de la innovación**
Alberto Tundidor Díaz

**Guía documental para exportar e importar.
Los 12 documentos clave**
Alberto García Trius

**Mass customization.
Las claves de la personalización masiva**
Blas Gómez Gómez

**Crédito documentario. Guía para el éxito
en su gestión**
Cristina Peña Andrés, Amelia de Andrés Leal

Guía práctica de las reglas Incoterms® 2010
David Soler

**Certificación Lean Six Sigma Green Belt
para la excelencia en los negocios**
Lean Six Sigma Institute, SC

**Certificación Lean Six Sigma Yellow Belt
para la excelencia en los negocios**
Lean Six Sigma Institute, SC

**Negociación intercultural. Estrategias
y técnicas de negociación internacional**
Domingo Cabeza, Pelayo Corella, Carlos Jiménez

**Las reglas Incoterms® 2010. Manual para
usarlas con eficacia**
Alfonso Cabrera Cánovas

**Regímenes aduaneros económicos y procesos
logísticos en el comercio internacional**
Pedro Coll

**Inglés náutico normalizado para
las comunicaciones marítimas**
José Manuel Díaz Pérez

Shipping & Commercial Case Law
Albert Badia

Gestión medioambiental en la industria
José M.ª Suris

Gestión financiera del comercio internacional
Josep M.ª Casadejús

**Manual de gestión aduanera. Normativas
del comercio internacional y modelos
de integración económica**
Pedro Coll

Los abordajes en la mar
Carlos F. Salinas

**El desorden sanitario tiene cura.
Desde la seguridad del paciente hasta
la sostenibilidad del sistema sanitario
con la gestión por procesos**
Rajaram Govindarajan

**Gestión y liderazgo en una empresa
de seguros**
Simón Mahfoud y Digna Peña

València, 558 – 08026 Barcelona – Tel. +34-931 429 486 – marge@margebooks.com – www.margebooks.com